Ma vérité

Du même auteur :

Avec Veronika Dorman :

Moi, Marat, ex-commandant de l'armée Wagner,
Éditions Michel Lafon, 2022

Marat Gabidullin
avec Veronika Dorman

Ma vérité

Michel Lafon

118, avenue Achille-Peretti – CS 70024
92521 Neuilly-sur-Seine Cedex
www.michel-lafon.com

Avant-propos de l'éditeur

Publier *Moi, Marat, ex-commandant de l'armée Wagner* a été un temps fort de l'année 2022. Ce témoignage, publié en Russie par une maison confidentielle et dont les éditions Michel Lafon se sont procuré le texte après bien des détours et le précieux concours de Veronika Dorman, Ksenia Bolchakova et Alexandra Jousset, s'est retrouvé brutalement projeté au centre de l'actualité le 24 février 2022, quand Vladimir Poutine a décidé d'envahir l'Ukraine.

Sa parution en France, initialement prévue à l'automne 2022, a été avancée de près de cinq mois après un intense travail de traduction.

Revenant sur les divers séjours de Marat en Syrie, où les soldats de Wagner, combattant Daech, ont largement contribué à soutenir le pouvoir de Bachar El-Assad, ce récit permettait alors une incursion inédite au cœur d'une armée qui, depuis un an, met l'Ukraine à feu et à sang et menace la paix en Europe. Dévoilant également les coulisses d'une mission dans le Donbass, préambule à la guerre qui fait rage aujourd'hui, il relevait déjà les incuries de l'armée russe et sa corruption endémique.

Pourtant, pour passionnante et forte que soit cette histoire, la brutalité et la proximité de ce qui se passait en Ukraine nous donnaient envie de poursuivre notre démarche éditoriale. D'aller au-delà du récit de guerre pour tenter d'avoir un aperçu des mécanismes funestes à l'œuvre en Russie. Or, chez Marat, qui a toujours considéré servir les intérêts de son pays, il y avait une colère, une révolte devant ce qu'est devenue la Russie aujourd'hui. Une indignation suffisamment puissante pour qu'il choisisse de prendre le chemin de l'exil et de livrer sa vérité.

Les prémices de cette colère, il les avait évoquées dans le magnifique documentaire

Wagner, l'armée de l'ombre de Poutine de Ksenia Bolachakova et Alexandra Jousset (prix Albert Londres 2022). Il racontait cette nuit du 8 février 2018 à Deir ez-Zor, où la coalition internationale menée par les Américains a laminé les mercenaires, laissant des centaines de ses camarades sur le carreau. Dans *Ma vérité*, il révèle ce qu'il avait tu jusque-là : les combattants Wagner auraient été conduits sciemment à la mort et, lorsqu'un déluge de feu s'est abattu sur eux, l'armée russe a tout bonnement regardé ailleurs, refusant de leur porter secours, alors qu'au Kremlin, on niait une fois de plus l'existence des mercenaires. Voilà l'origine du cheminement sans retour possible de ce soldat : le cynisme glaçant des autorités. Une prise de conscience également alimentée, de façon plus lumineuse, par sa rencontre avec l'autre, le simple Syrien, victime, comme le citoyen russe, d'un pouvoir politique corrompu, malfaisant, prévaricateur.

Et bien entendu, parce que depuis la rédaction de *Moi, Marat, ex-commandant de l'armée Wagner* la Russie a basculé dans une nouvelle dimension, nous brûlions de savoir ce qu'imagine Marat de l'issue de cette guerre, de ses conséquences, et ce qu'il entrevoit du futur de son pays. Ce manque, *Ma vérité* l'a comblé. Et ce que Marat écrit laisse présager un avenir bien sombre : celui d'une Russie engagée sur une pente extrêmement inquiétante où chacun se doit d'apparaître comme le plus patriote. Une course nationaliste, dans laquelle est d'ailleurs lancé Prigojine, le patron de Wagner, qui ne cache plus ses ambitions politiques et qui dispose d'une armée à sa solde capable de déstabiliser tout le pays. À cette funeste émulation pourrait se conjuguer le ressentiment lié aux échecs en Ukraine. Que l'armée s'enlise encore et c'est toute sa violence et sa frustration, aiguillonnées par des dirigeants sans foi ni loi, qui pourraient se retourner contre les civils. Un cheminement qui n'est pas sans rappeler d'autres précédents tragiques de l'histoire russe où la population a servi d'exutoire à ses dirigeants.

Le conseiller

Entre nous, nous l'appelions « Le Premier ». Beaucoup de mercenaires n'avaient jamais vu son visage. Longtemps, il est resté pour eux une figure fantomatique, désincarnée, mais pourvue du pouvoir de régir leur existence.

Aujourd'hui, tout le monde connaît son nom, même ceux qui n'avaient jamais entendu parler de mercenaires ou de sociétés militaires privées (SMP). Evgueni Prigojine, le « cuisinier de Poutine », l'un des hommes les plus secrets et les plus puissants de Russie, mon ancien chef, a ouvertement reconnu ce qu'il avait nié pendant des années, mais que tout le monde savait : il est bien le patron de la SMP devenue célèbre sous le nom de Wagner, créée en coopération avec le ministère de la Défense russe, et financée par l'État.

Prigojine avait déjà été identifié comme dirigeant de la « légion » russe par des journalistes d'investigation russes et étrangers, mais lui-même niait systématiquement l'être, traînant en justice les « calomniateurs » pour laver son nom. Les tribunaux tranchaient toujours en sa faveur et punissaient ceux qui avaient mis sa parole en doute.

Depuis le début de l'offensive russe en Ukraine, enhardi par les succès – réels ou exagérés – de ses mercenaires, Prigojine reconnaît qu'il s'est livré et se livre toujours à des activités illégales, dans l'indifférence des juges et des procureurs. Eux ont toujours été au courant, c'est pourquoi ils ont fait mine de ne pas remarquer son *coming out*. Tous les jugements en faveur de Prigojine contre ses pourfendeurs avaient solidement établi son droit de s'asseoir sur le Code pénal.

Dans l'entourage de Vladimir Poutine, le fracas assourdissant des canons d'artillerie sur le front de la guerre a inauguré la phase la plus féroce de la compétition pour le titre du patriote le plus authentique. Prigojine se prépare méthodiquement au combat final pour être sacré champion. Il veut inscrire son nom dans les annales de cette guerre. Ayant obtenu une reconnaissance officielle pour ses services à l'État, il espère s'élever au sommet d'une vague d'adulation populaire, et ne cache pas ses ambitions politiques pour la suite.

Le destin m'a donné l'occasion de rencontrer cet homme, de le côtoyer et l'observer de près, presque quotidiennement pendant quatre mois, dans l'atmosphère étouffante et anxiogène de son bureau central, à Saint-Pétersbourg. C'est dans cette période-là que la décision de quitter les rangs des mercenaires a commencé à germer en moi.

Ma troisième mission s'était achevée sur une évacuation d'urgence de Syrie, à cause des séquelles de blessures que j'avais contractées lors de campagnes précédentes. J'étais reparti sur le terrain trop tôt, sans avoir terminé ma rééducation, qui aurait dû durer au moins deux ans. Mon système digestif n'était pas rétabli, je fatiguais vite et perdais constamment du poids. Je me suis donc retrouvé en Russie, où j'ai longuement séjourné à l'hôpital SOGAZ de Saint-Pétersbourg, pour y être entre autres opéré aux frais de Prigojine. Nous étions alors une vingtaine de mercenaires à nous remettre de blessures graves. C'était un établissement haut de gamme, au-dessus des moyens de gens ordinaires, mais Le Premier n'a jamais lésiné lorsqu'il s'agissait de soigner ses hommes, les rafistolant suffisamment pour qu'ils puissent retourner sur le terrain. Les meilleurs combattants recevaient les meilleurs soins, obtenant des prothèses de qualité et bénéficiant de longues rééducations.

Une fois requinqué, j'ai été nommé « adjoint à la situation tactique » – une fonction créée pour moi, sur mesure – au siège principal de la corporation de Prigojine, un immeuble de bureaux situé sur l'île Vassilievski à Saint-Pétersbourg, depuis lequel Le Premier dirigeait son empire, composé d'entreprises approvisionnant des cantines militaires et scolaires, des centres commerciaux et des centaines de médias. Les SMP ne sont qu'une partie de son activité vaste et variée, dont l'objectif principal est de s'emparer d'installations industrielles et de ressources naturelles dans d'autres pays, pour qu'elles soient ensuite gérées par les divers spécialistes employés par la corporation.

Donnant sur le canal, le bureau spacieux du Premier était doté d'un mobilier coûteux au style austère. Une salle d'entraînement personnelle, avec toilettes et douche, le jouxtait. Dans les autres pièces siégeaient le service comptable, les équipes informatiques, les services techniques et de sécurité de la société. Le département de la SMP auquel j'appartenais désormais occupait un étage d'un bâtiment adjacent. Il était composé de sept personnes, dont trois étaient présentes en permanence sur le site. Les autres y faisaient des apparitions, entre deux voyages d'affaires liés au fonctionnement logistique des mercenaires sur le terrain.

Pendant quatre mois, j'ai commencé mes journées par l'étude du rapport du chef d'état-major des combattants en Syrie, reçu par courrier électronique à l'adresse de notre département. Y figuraient les dernières données des opérations menées sur le terrain par les mercenaires, le nombre de pertes dans leurs rangs, d'ennemis éliminés et de prises d'armes. Les mercenaires russes étaient mobilisés en Syrie pour soutenir les forces terrestres de Damas, incapables d'avancer, même avec le soutien des avions russes. Les généraux russes avaient promis la victoire sans engager leurs troupes au sol, devenant ainsi otages de leur propre bravade : ne pas sortir vainqueurs de cette guerre dans laquelle ils s'étaient lancés porterait un coup trop sévère au prestige du pays et du président Poutine. Prigojine avait proposé une solution à ce problème qui convenait à tout le monde : il enverrait au combat ses mercenaires, sauvant ainsi la réputation des généraux russes sans talent et l'autorité du président de son pays.

Après avoir dressé la carte de la situation tactique et rédigé un rapport de synthèse basé sur toutes les informations reçues au cours des dernières 24 heures, je me rendais dans le bâtiment principal pour une audience avec le patron.

Le Premier écoutait attentivement mon exposé, étudiait la carte, demandait des précisions, avant de me laisser vaquer à mes occupations. Parfois, il me confiait des missions plus précises concernant la SMP. Je devais compiler les données sur les pertes au combat, rassembler des informations sur la situation à partir de sources en anglais. Ou encore constituer des dossiers sur les combattants de l'EI capturés au cours des différentes opérations. Les prisonniers étaient interrogés, photographiés, puis remis aux services de sécurité syriens. J'étais parfois sollicité pour conseiller les journalistes des médias de Prigojine sur les questions militaires.

Cette situation n'était qu'une étape dans ma vie. Six mois après mon retour de Syrie, j'avais décidé de repartir sur le terrain dès que mon état de santé me le permettrait.

Mais un souci inattendu, comme le sont tous les malheurs de la terre, a contrecarré mes plans. Des médecins ont diagnostiqué un cancer à Natacha, ma femme. Il fallait se battre pour sa vie, j'ai donc mis de côté toutes mes ambitions guerrières. C'est Prigojine qui nous a aidés, là encore. Il a payé intégralement pour les soins de Natacha qui a ainsi pu se faire opérer à Hambourg.

La routine de bureau relativement tranquille était occasionnellement perturbée par les explosions de colère du patron face à la bêtise ou la paresse de tel ou tel employé. Le Premier ne s'est jamais distingué par ses bonnes manières, ni par un don particulier pour organiser rationnellement le travail de ses équipes. À toutes les techniques de management modernes, il préférait des méthodes plus archaïques fondées sur les rapports de force. On avait l'impression que tout le monde, à tout moment, attendait une punition, la peur était presque palpable. Dès que Le Premier franchissait le seuil des bureaux, l'ensemble du personnel devenait nerveux. Chacun de mes collègues, attendant son tour de passer sur le grill, tripotait des papiers, l'air occupé, ou faisait les cent pas dans le couloir étroit de nos locaux. Chaque rendez-vous de ce type était une épreuve pénible, comme une montée vers l'échafaud. Et même « Blondin » (le blond), le numéro deux de la SMP, qui passait souvent au siège, était un peu stressé à l'idée de croiser le patron.

Plus Le Premier était craint, plus on cherchait à l'imiter. Jusqu'aux assistantes, de toutes jeunes femmes, qui, pour lui ressembler, se mettaient à jurer comme des charretiers. Les hommes, eux, semblaient en compétition constante. C'était à qui serait le plus brutal et le plus vulgaire. J'ai été témoin de nombreuses conversations entre supérieurs et subordonnés, où insultes grossières et jurons se succédaient, comme si chacun croyait faire preuve de zèle, en singeant Le Premier.

Prigojine avait été le premier à lire mon texte sur les mercenaires (paru en France sous le titre *Moi, Marat ex-commandant de Wagner*).

N'étant pas sûr à l'époque de l'étendue de ses connaissances sur le fonctionnement intime de la SMP, je pensais qu'il pourrait en apprendre quelque chose. En réalité, il était au courant de tout, mais avait ses propres idées sur la manière dont devaient vivre et travailler les mercenaires russes. À l'époque, je trouvais que Le Premier faisait une grosse erreur en imposant aux mercenaires ses décisions, sans laisser la moindre place à la discussion ni à la négociation. J'ai compris depuis qu'il n'était guidé que par ses intérêts financiers, ses ambitions et sa soif de pouvoir.

L'idée du bouquin lui avait plu, il y avait même apporté quelques corrections avant d'en imprimer des exemplaires pour les dirigeants du pays. Une façon de leur présenter le fruit de son travail, financé par un fonds d'État, et mené en collaboration étroite avec le ministère de la Défense. Sans cette bénédiction des plus hautes instances, et le patronage du président russe lui-même, jamais Prigojine n'aurait pu entretenir, sur le sol russe, des formations d'hommes armés : c'était tout simplement interdit par la loi.

De même, sans le concours de l'armée officielle, il n'aurait pas trouvé les moyens logistiques ni obtenu les autorisations pour envoyer ses mercenaires en Syrie.

L'exemplaire destiné à Poutine devait être annoté par les héros du livre eux-mêmes, avait imaginé Prigojine. Pour recueillir leurs témoignages, j'ai ainsi été envoyé en mission express en Syrie, à bord de l'avion privé de mon patron. À Deir ez-Zor, j'ai retrouvé les combattants de la compagnie de Ratnik (le guisarmier), personnages principaux de ce premier livre.

Natacha était tirée d'affaire, et j'étais las de la monotonie de la vie de bureau. Complètement par hasard, j'ai appris un jour que le conseiller du bataillon des chasseurs de l'EI (ISIS hunters) allait être muté, laissant le poste vacant. Cette SMP syrienne avait été créée par Prigojine, officiellement pour protéger la communauté orthodoxe d'Al-Suqaylabiyah, une ville chrétienne de la province de Hama. Prigojine finançait la formation des mercenaires syriens par ceux de Wagner. L'EI avait été vaincu, mais il restait quelques poches de résistance de fanatiques purs et durs et un réseau terroriste clandestin en Irak et en Syrie. Dans mon esprit, le travail du conseiller devait consister désormais à préparer les mercenaires syriens à la protection des champs pétrolifères contre les attaques des saboteurs de l'EI.

J'ai donc brigué le poste qui se libérait en Syrie, et mes supérieurs à Saint-Pétersbourg ne se sont pas opposés à ma candidature. J'étais le premier des assistants de Prigojine ayant émis le souhait de retourner sur le terrain à avoir été exaucé. Il m'avait à la bonne. Il m'a convoqué dans son bureau pour me souhaiter bonne chance et m'a honoré de la décoration la plus élevée au sein de notre SMP – l'ordre de la Victoire sur l'EI.

En janvier 2018, j'étais de retour en Syrie pour prendre mes nouvelles fonctions.

La Syrie encore

J'ai pris mes nouveaux quartiers à Al-Suqaylabiyah, dans la vallée du Ghab, dont le principal intérêt touristique était une belle église, construite en pierre blanche grâce aux dons des fidèles. C'est ici aussi, dans le vaste complexe hospitalier à l'orée septentrionale de la ville, que se trouvait en 2017 l'hôpital pour les mercenaires russes blessés. Depuis, la bâtisse de deux étages était restée sous la coupe des « Chasseurs ».

Ce bataillon un peu particulier ne faisait pas partie des forces armées syriennes. C'était une SMP, un peu comme la nôtre, composée uniquement de Syriens. Le QG était dirigé par un homme avenant, du nom d'Ahed, qui parlait couramment le russe, pour avoir étudié à l'Institut de construction d'Odessa. Ahed était aussi le commandant du bataillon. Le personnel était composé d'un comptable, d'un greffier et d'un avocat, tous des gens du coin, et de l'assistante d'Ahed, une charmante Ukrainienne, Liouba. Optimiste à l'esprit vif et dotée d'un grand sens de l'humour, elle élevait seule ses deux filles, son mari arabe ayant disparu dans les troubles de la guerre civile.

J'ai bientôt fait la connaissance de deux commandants de compagnie, Alam et Muhammad, ainsi que du commandant adjoint du bataillon Aba Yusha, qui s'étaient déplacés depuis le centre d'entraînement pour rencontrer le nouveau conseiller. Mes conditions de travail étaient plus que satisfaisantes, je n'avais de comptes à rendre qu'à moi-même, j'étais confortablement logé et bénéficiait d'une voiture personnelle (un pick-up Toyota). Le job rêvé pour un mercenaire.

Pour formaliser ma prise de fonctions, je suis passé en coup de vent au QG des mercenaires russes en Syrie, installé dans l'usine de Hayyan, à une cinquantaine de kilomètres du centre de formation des Chasseurs. L'endroit avait beaucoup changé depuis que nous l'avions arraché en 2017 à l'EI. À l'époque, nous ne pouvions communiquer qu'en hurlant par-dessus le rugissement terrifiant d'une énorme torche, qu'avait provoquée un obus en touchant la station de pompage. Le brasier avait depuis été réduit, et le complexe, nettoyé et partiellement restauré, avait pris l'apparence d'un camp militaire.

Une fois de plus depuis le début de cette guerre de tous contre tous, la ville de Deir ez-Zor pansait ses plaies et se remettait de plusieurs mois de bombardements incessants, de combats de rue et de funérailles bâclées. La vénérable cité était criblée de balles, trouée de cratères, parsemée de débris de verre et de métal, jonchée de carcasses calcinées de chars et autres blindés. Une partie de la ville avait été relativement épargnée par les combats, et ses résidents s'y employaient à retrouver une routine paisible. On croisait beaucoup d'hommes armés dans les rues, mais dans les lieux les plus fréquentés, ils se noyaient dans la masse de femmes vaquant à leurs occupations, d'enfants courant joyeusement ici et là, et d'hommes en civil.

Le long de la route s'étiraient des étals de produits alimentaires et d'articles ménagers. Les commerçants proposaient également des plats cuisinés sur le pouce, dans des conditions d'insalubrité totale. La ville s'animait, car ni la guerre ni aucune autre catastrophe n'aurait pu supprimer les besoins de ceux qui avaient survécu – manger, boire, se déplacer et penser à l'avenir.

Le bataillon des Chasseurs dont j'avais pris la direction faisait office d'unité de second rang, car personne, parmi les mercenaires de Wagner, ne les prenait vraiment au sérieux. Les deux escouades, stationnées à côté de la base des mercenaires russes, étaient principalement utilisées comme réservoir de main d'œuvre pour charger et décharger les munitions des Russes. Le jour de mon arrivée, Dniepr, le chef du commandement des mercenaires, que je ne connaissais pas encore, m'a invité le soir à participer à la réunion quotidienne, qui se tenait dans un fourgon de l'armée installé entre deux bâtiments, un espace exigu et étouffant.

Dniepr, qui souffrait d'un défaut de prononciation, avait par ailleurs peu de suite dans les idées. Visiblement, la plupart de ceux qui assistaient à la réunion ne comprenaient pas exactement ce qu'on attendait d'eux pour le lendemain. Mais aucun n'a posé la moindre question. L'improvisation est la spécialité des chefs mercenaires de tous rangs. Ce qui a ses limites : si l'on ne donne pas d'instructions claires, on ne peut pas exiger de résultats précis.

Quant à moi, sachant ce que j'étais venu faire ici, je n'avais pas de questions non plus, sauf sur la date exacte du lancement de l'opération militaire à laquelle nous devions nous préparer, mais dont nous ne savions rien, pas même qui serait notre ennemi. Pour toute réponse, j'ai obtenu : « Préparez-vous, vous allez probablement partir au combat bientôt. L'unité doit être prête à prendre une place forte. Entraînez-vous. Ce sera dans une semaine au plus. » Pour être tout à fait honnête, quand j'avais entendu, encore au QG des mercenaires, que mes Chasseurs seraient envoyés au combat, j'avais eu un pincement au cœur d'inquiétude. Sentiment que j'avais réprimé aussitôt, me reprochant de m'être ramolli dans le confort de mon bureau pétersbourgeois, loin du terrain, de la guerre et du danger.

La préparation au combat se faisait dans l'un des complexes de raffinage de pétrole, si nombreux près de Deir ez-Zor. Avant la guerre, les plateaux de part et d'autre de l'Euphrate fournissaient au pays ses principaux revenus liés au commerce de l'or noir. L'usine avait désormais des airs d'Armageddon après la bataille. Métal plié, figé dans la violence, piles de briques carbonisées, carcasses de machines calcinées…

Le terrain, autrefois bien entretenu, était dans un état de délabrement total. Des pelouses flétries s'étendaient entre les quelques bâtiments qui avaient résisté. Autour de l'étang asséché, les petits palmiers et les eucalyptus bruissaient de leurs feuilles dures à moitié jaunies, agitant faiblement leurs branches brûlées par le soleil. Partout, des débris tourbillonnaient dans le vent. Deux bâtiments de plain-pied, relativement épargnés, servaient à accueillir des logements ou des entrepôts. Le seul immeuble de bureaux avait été ravagé par la guerre. Son toit s'était effondré de telle sorte qu'il était possible de grimper, comme sur une rampe, depuis le sol jusqu'à une partie en hauteur.

Avec le crépuscule, une obscurité épaisse et impénétrable enveloppait les contours lugubres des ruines, les maisons et le désert. L'ambiance était sinistre. Pour se changer les idées et tromper le temps, on discutait, avant d'aller dormir emmitouflés dans un sac de couchage ou une couverture de chameau.

Pendant la nuit, pour des raisons de sécurité, tout mouvement de groupe ou individuel était interdit. Les sentinelles étaient autorisées à ouvrir le feu sans sommation sur quiconque se promenait dans l'usine ou entre les ruines. Seuls les déplacements aux abords des casernes étaient autorisés. Non loin de l'usine s'étendait le Désert blanc, une zone qui échappait aux forces gouvernementales, devenue un refuge pour les petites milices de l'EI qui n'avaient pas déposé les armes.

Pour m'aider dans la formation des combattants syriens, j'étais assisté de deux interprètes, Yassef et Talib. Les cours étaient dispensés par des instructeurs russes de la brigade des mercenaires, et je participais moi-même de temps en temps aux entraînements. La plupart de mes subordonnés n'avaient aucune expérience de combat, ce qui ne me réjouissait guère. Les uniformes et les équipements étaient de fabrication russe.

Le 6 février, j'ai été convoqué au QG des mercenaires pour la réunion du soir, qui se tenait cette fois dans des bureaux spacieux, en présence du chef de tous les mercenaires, Dmitri Outkine, alias Wagner, celui-là même qui avait donné son nom à la SMP. Pour être exact, ce sont les journalistes qui ont baptisé notre unité « groupe Wagner », à partir du nom de guerre de cet ancien officier des forces spéciales du GRU (renseignement militaire russe), qui commandait des mercenaires russes en 2014, au moment où Prigojine les a pris sous sa coupe. Wagner était là parce qu'il dirigeait toujours les opérations importantes sur le terrain, là où se concentraient ses hommes et où étaient les principaux enjeux du moment aux yeux de Prigojine, comme c'était le cas à Deir ez-Zor. Wagner se tenait comme toujours avec décontraction et suffisance. Bien qu'il fût le plus gradé et commandait toute l'opération, c'est Dniepr qui parlait le plus ce jour-là. J'ai eu l'impression que le grand chef avait cédé la tribune intentionnellement. Aujourd'hui, après tout ce qui s'est passé, c'est Dniepr, le commandant du QG, qui est resté dans ma mémoire comme la figure principale des événements.

Wagner ne voulait clairement pas être associé à celui qui mènerait ce combat perdu d'avance.

L'assaut du champ gazier de Conoco, situé dans la zone contrôlée par les unités kurdes des Forces démocratiques syriennes (FDS), était prévu pour le lendemain. Le plan du raid ne contenait que des mesures visant les groupes armés kurdes. Nos supérieurs ne tenaient pas du tout compte de la présence sur place d'un contingent américain. Dniepr a balayé d'une phrase cette question, pourtant cruciale : « Les Américains n'interviendront pas dans nos règlements de comptes. » Sans prendre la peine d'expliquer sur quoi se fondait cette affirmation. Pour finir, il nous a expliqué que, pour soutenir notre attaque, les Arabes se soulèveraient contre les Kurdes, tandis que les avions de l'armée russe sillonneraient le ciel au-dessus de nos têtes pour dissuader tout ennemi potentiel d'intervenir. Par ennemi, il entendait sûrement « Américains ». Le chef d'état-major nous assurait que les Arabes de la rive orientale ne manqueraient pas de retourner leurs armes contre les Kurdes, tandis que les Américains, craignant une confrontation directe avec l'aviation russe, resteraient neutres. C'est la seule chose qui nous préoccupait vraiment. Je dois avouer que la mention des chasseurs russes nous a un peu remonté le moral.

Wagner, lui, s'est contenté d'ajouter quelques petites précisions. Un bref échange avec le commandant des sapeurs, « Chakhtior » (le mineur), qui m'a troublé par son cynisme, m'a donné l'impression que nous étions tous sur le point de prendre part à une provocation.

Chakhtior : « L'engin destiné à simuler des tirs ennemis a été placé près du check-point syrien. Il est très probable que des Syriens seront touchés par l'explosion. Nous devrions peut-être les avertir ? »

Wagner, sans sourciller : « Rien à foutre. Ils n'en seront que plus en colère contre les Kurdes. Pour eux, ce sera des tirs d'artillerie depuis le territoire des Kurdes. »

L'attaque contre les forces kurdes viendrait donc en riposte à leurs tirs d'artillerie sur les positions syriennes, des tirs qui en fait n'en seraient pas : la mine terrestre qui exploserait, déclenchant la bataille, aurait été posée par nos sapeurs. Les Américains se sont donc vu attribuer le rôle de spectateurs et les Arabes de la rive orientale, celui de cinquième colonne destinée à nous soutenir. Tout ça me mettait mal à l'aise. Mais quand j'ai entendu que mes hommes devraient attaquer frontalement les avant-postes kurdes, j'ai carrément pris peur. Dniepr avait l'air convaincu que le détachement syrien des Chasseurs pouvait réussir cette offensive. Moi, j'en doutais beaucoup. Vu leur capacité de combat, c'était à mon avis un carnage annoncé.

Le plan général de l'assaut n'a pas été discuté avec nous, commandants de pelotons. On nous a simplement donné des instructions. Les mercenaires russes de l'unité dite des Carpates devaient lancer l'assaut contre les Kurdes. Au même moment, une escouade de mes Chasseurs attaquerait un poste fortifié kurde construit sur le côté gauche de la route menant à l'usine. Une autre unité de mercenaires attendrait dans le village de Khsham, à l'ouest de l'usine, sur la ligne de contact, avant de foncer vers Conoco à bord de véhicules…

Je suis reparti du QG inquiet et perturbé.

La journée suivante est restée dans ma mémoire comme une succession chaotique de déplacements rapides et d'interminables moments d'attente. À l'arrache, nous nous sommes entassés dans des camions, pour passer l'Euphrate en ferry. Sur l'autre rive, nous avons été accueillis par des mercenaires russes, puis conduits à un lotissement abandonné où nous devions rester jusqu'à l'assaut.

Nous avons longuement patienté. Le ciel nocturne s'illuminait à l'ouest comme à l'est, percé par des traînées de feu. Nous étions tous crispés, tendus vers la bataille qui devait commencer d'un instant à l'autre. Nos pièces d'artillerie et leurs munitions ont été placées juste devant le porche de notre planque. Nous avions décidé de ne nous munir pour l'assaut que de deux lance-grenades automatiques et d'une mitrailleuse lourde, le reste des armes pouvant être apporté plus tard en cas d'issue favorable. Alam avait désigné pour les garder deux combattants âgés qui n'auraient été guère utiles ailleurs, dans le rythme exténuant de l'assaut à venir.

En nous, la tension augmentait, et la certitude que nous allions au-devant de gros problèmes ne faisait qu'aggraver notre inquiétude. Suspendu au-dessus de nos têtes, le ciel étoilé, menaçant, semblait nous avertir d'un danger imminent.

Tout d'un coup, des profondeurs de l'obscurité ont surgi, rugissants, deux camions Ural. Ils ont traversé la cour à toute blinde, avant de disparaître de l'autre côté, en direction de Conoco. Avant que j'aie pu reprendre mes esprits, un camion militaire GAZ-66 et une fourgonnette UAZ se sont plantés devant moi. Un combattant que je connaissais, de la brigade des Carpates, en est descendu et m'a transmis l'ordre de charger les hommes au plus vite. « Nous sommes déjà en retard, il y a un problème avec les voitures », m'a-t-il dit en me tendant la radio.

Tant bien que mal, les combattants, trop nombreux et lourdement équipés, se sont installés dans les deux véhicules, s'accrochant aux marchepieds et même à la roue de secours. Après quelques minutes de hors-piste ponctuées de violentes secousses, nous avons débarqué près du tertre qui entourait l'avant-poste. Chacun a pris position, en attendant les ordres. Le plan était le suivant : un peloton simulerait une attaque de front, tandis que l'équipe d'assaut contournerait les positions kurdes par la droite, comme nous nous y étions entraînés toute la semaine. En m'approchant, je découvris que l'avant-poste était vide, les soldats russes avaient quitté leur position et se préparaient quelque part sur ma droite à attaquer. Les instructeurs russes censés nous accompagner avaient disparu. J'étais seul, entouré de combattants syriens.

Un instant, le ciel noir au sud du poste d'observation a été illuminé par quelques éclairs, faisant écho au bruit de lointaines explosions. A suivi un moment de silence absolu, puis le ciel au-dessus des positions kurdes s'est illuminé à son tour. Après en avoir reçu l'ordre par radio, j'ai lancé mes hommes à l'assaut.

Les Syriens ont marché d'un pas décidé vers les lignes ennemies, avalés rapidement par l'obscurité, sans craindre les tirs au-dessus de leurs têtes.

Soudain, le mortier s'est tu, et ma radio a crié : « Mettez-vous à l'abri ! » Mais les Chasseurs, qui n'avaient pas encore atteint la ligne de jet des fortifications, ont continué leur progression.

J'ai demandé de l'aide, mais n'ai obtenu aucune réponse. Sur ma droite, le canon d'un char d'assaut, censé nous soutenir dans l'attaque, s'est mis à gronder. Je n'avais même pas remarqué sa présence. Comme si cette détonation avait déclenché l'action d'une pièce de théâtre au dénouement tragique, une force destructrice insoupçonnée s'est tout à coup abattue sur la zone d'opération des Chasseurs. On a entendu, à peine perceptible dans le vacarme, le son grave d'une fusée qui prenait son envol, une rafale, et le char, qui n'avait eu le temps de tirer qu'un seul coup, s'est transformé en torche incandescente…

Une nuit infernale

Debout sur le toit de l'avant-poste, je regardais la plaine embrasée, essayant de trouver une explication à ce que je voyais. L'arrière de nos lignes était en proie aux flammes. Je ne comprenais rien. Ni n'étais conscient du danger réel que mes hommes et moi courions à ce moment-là. Les flammes qui engloutissaient les dépôts de munitions vibraient dans les salves d'explosions, de détonations d'obus et de grenades. Les QG brûlaient, le feu illuminant l'autoroute qui traverse la ville de Khsham…

Quand j'ai demandé un point sur la situation, j'ai reçu cette réponse lapidaire : « C'est l'aviation. Nous sommes sous le feu de l'aviation. Tous aux abris. »

En fait, nos positions avaient été attaquées par un AC-130, un avion d'appui aérien rapproché américain, invisible pour nous. Il tournoyait au-dessus de la zone de combat et détruisait tout ce qui se trouvait dans son champ de vision, tandis que des drones frappaient nos équipements et positions.

Nouvel ordre du chef des Carpates : « On recule. Sauve les hommes. Tout le monde à l'arrière, derrière le chemin de fer. »

Nous battions en retraite avec pour objectif principal, désormais, de sauver le plus de monde possible, en atteignant une zone de sécurité. Une section complète de Chasseurs a réussi à rentrer au poste d'observation, tandis qu'on s'employait par ailleurs à couvrir l'équipe d'assaut, qui se faisait tirer dessus depuis une fortification. Quand elle aussi a été à l'abri, j'ai donné l'ordre au commandant Alam de renvoyer tout le monde à l'arrière.

Pour reprendre mon souffle, je me suis assis sur un remblai soutenant une clôture. J'ai soudain senti un frisson parcourir mon corps et j'ai pensé : « Maintenant, ils vont fondre sur nous. » Pour la première fois depuis longtemps, la peur de la mort s'est insinuée dans mon esprit, s'emparant de mon être, étouffant en moi toute volonté. Surmontant ma stupeur, je me suis forcé à me relever. Inspire, expire, inspire, expire à nouveau. La terreur qui avait envoyé une vapeur froide le long de mon corps s'est dissipée.

J'ai crié au traducteur Yassef de récupérer son matériel de protection et de fuir. Il m'a suivi vers la bâtisse où nous avions lui et moi déposé nos affaires. Mon sac à dos m'y attendait sur le seuil. Au moment où je me suis penché pour le ramasser, j'ai entendu un chuintement familier, un crissement assourdissant, et une puissante secousse d'air chaud m'a projeté à travers la porte, me brûlant une jambe au niveau du genou. Le lourd rideau de poils de chameau à l'entrée a arrêté mon vol plané, et je me suis engouffré dans la pièce. Yassef, lui, s'est écroulé, encore à l'extérieur. L'attrapant sous les bras, je l'ai aidé à se relever.

Le niveau d'adrénaline dans mon sang dépassait les normes, à tel point que j'en ai oublié ma blessure et j'ai marché rapidement vers l'endroit où j'avais laissé le commandant de la compagnie. Alam était vivant, même pas blessé. De partout s'élevaient des gémissements et des cris. Un lance-grenades automatique gisait renversé, les griffes de son trépied écartées. Un combattant, serrant sa jambe, glapissait, le visage noir de suie, le blanc des yeux ressortant dans l'obscurité, le regard à l'agonie. J'ai rapidement examiné sa blessure, l'os était intact, mais la chair endommagée par des éclats.

Le sombre pressentiment qui m'avait glacé quelques minutes plus tôt était en train de se réaliser. L'attention de l'ennemi s'était maintenant tournée vers nous, et c'était au tour de la petite escouade syrienne d'affronter la puissance destructrice des tirs.

– Alam, mon frère, on doit y aller.

Il m'a répondu :

– Je vais rester ici, il y a des survivants, je vais rester avec les blessés.

Je suis certain que c'est ce qu'il m'a dit, en arabe. J'ai posé ma main sur son épaule et l'ai regardé dans les yeux. J'avais besoin de voir son visage, je suppose que je savais déjà que c'était la dernière fois.

Et maintenant ? Il fallait reculer, il n'y avait plus rien à sauver ici. Quelque part là-bas, dans la noirceur du ciel, de nouveaux drones arrivaient, l'infanterie était impuissante face à eux. La salve que nous venions d'essuyer n'était que le début, il y en aurait d'autres, forcément. Je ne voulais pas périr sur un sol étranger. Ma décision de retourner à l'arrière alors que le commandant de compagnie restait là était-elle morale ? Je n'en sais rien, et peu importe.

J'ai marché en ligne droite vers l'ouest, vers les voies ferrées. Ma jambe gauche me piquait légèrement au niveau du genou, mais la douleur n'entravait pas mes mouvements. Au bout d'une cinquantaine de pas, je suis tombé sur le cadavre d'un combattant syrien. Il avait l'air intact, mais une grimace de douleur était imprimée sur son visage. Ce genre de mort arrive aussi : son cœur s'était simplement arrêté de battre. Avec un sifflement désagréable, un missile antichar est passé au-dessus de ma tête, transperçant l'obscurité, et s'est planté dans les flammes d'un brasier. Pour échapper aux balles, j'ai traversé la route et couru jusqu'à la première maison. Un Kamaz était garé à l'extérieur. Des combattants syriens et des mercenaires russes s'étaient réfugiés là entre le camion et la façade du bâtiment.

Les mercenaires russes, comme nous, s'étaient préparés à attaquer, mais eux aussi avaient battu en retraite, sous le feu ennemi.

La radio a hurlé : « Des hélicos ! En vol stationnaire, prêts à arriver par l'est. » Mes oreilles ont capté le ronronnement des moteurs et le bruissement des pales des hélicoptères. Ils ne pouvaient être qu'américains, car nous étions à l'est de l'Euphrate, et que la zone des forces aériennes russes était loin derrière nous, sur la rive ouest du fleuve.

Il fallait continuer à progresser vers une zone sûre derrière la ligne de contact, le Kamaz pouvait être repéré à tout moment.

J'ai couru vers la maison suivante, et me suis assis pour reprendre mon souffle. En allumant une cigarette, j'ai entendu la voix de Yassef. Il s'était réfugié dans la maison avec quelques Chasseurs.

« Partez, ne restez pas ici, dans cette maison, ça ne vous sauvera pas », l'ai-je supplié en le tirant par la manche, et j'ai ajouté : « Retirez-vous à l'arrière. Explique à tout le monde qu'il faut courir deux par deux vers l'arrière, ne surtout pas rester groupés. » J'ai entraîné trois hommes hors du bâtiment et, en leur mimant de me suivre, je me suis élancé vers la palissade. J'ai eu à peine le temps de l'escalader et de me rouler dans une ornière, pour me protéger d'une explosion. Quand je me suis retourné, j'ai vu qu'aucun des Syriens ne m'avait emboîté le pas. En revanche, deux mercenaires russes s'étaient bien rendu compte qu'il était dangereux de rester à l'intérieur, ils étaient plaqués au sol non loin de moi.

Soudain, le bruit d'une fusée, et une gerbe de flammes épaisses a recouvert la cour. Une vague d'air ardent m'a frappé au visage… Et j'ai entendu les hurlements d'hommes en train de brûler vifs. Nos quartiers et nos entrepôts étaient en feu. Enfin, les hélicoptères se sont mis à cribler de balles les cibles fixes.

Nous nous sommes relevés, avons couru une dizaine de pas pour de nouveau plonger sous les arbres. Je ne pensais plus à rien, j'avais juste envie de me transformer en grain de sable invisible, me perdre, disparaître. Les obus me frôlaient, mon corps, tel un sismographe, ressentait leur impact au sol dans chacune de ses cellules ; des jets de sable et de minuscules bris incandescents ont éclaboussé ma veste. J'ai regardé autour de moi, mes nouveaux compagnons de route étaient sains et saufs.

Quelques pas. Couchés à terre, de nouveau. Et on repartait.

Tout d'un coup, l'un d'eux m'a interpellé : « Frérot, par ici, y a un véhicule ! » Dans un ultime effort, j'ai couru jusqu'à l'endroit où il était garé, à une cinquantaine de mètres, sur la route. J'ai grimpé à l'arrière et rampé presque jusqu'au fond. Le camion a démarré d'un coup sec et, dans le rugissement de son moteur fatigué, s'est dirigé vers la voie de chemin de fer.

Notre sauveur s'appelait Liokha Nazar. C'était un gars simple. Quand il avait reçu l'ordre d'aller sauver des gens, il n'avait pas perdu de temps. Sans tergiverser, il avait pris le volant du camion et foncé droit dans le cœur de l'incendie, là où éclataient les obus et les roquettes. Après avoir atteint le point le plus avancé où les mercenaires avaient eu le temps de se déployer, Liokha avait fait demi-tour et lentement roulé dans la direction opposée, s'arrêtant brièvement tous les dix mètres et appelant les survivants. Au moment où je suis monté dans le camion, il avait déjà secouru une dizaine de personnes.

Ignorant bosses et nids de poule, le camion roulait à toute allure vers le salut. Nous avons franchi la voie ferrée, traversé le village, et foncé au point de passage du fleuve. La tension nerveuse retombait, la conscience s'éclaircissait. Le danger était passé, mes muscles se détendaient, et j'ai commencé à sentir la douleur dans ma jambe.

Pendant la traversée retour de l'Euphrate, sur le ferry, j'ai examiné mon genou à la lumière des phares. Mon pantalon présentait des trous aux bords brûlés à plusieurs endroits. La genouillère élastique que je portais avait empêché la plaie de s'ouvrir. Il y avait donc très peu de sang. Et le shrapnel était minuscule. Ma jambe était intacte, et tout cela n'avait aucune importance. Arrivé sur la terre ferme puis passé par le poste de secours pour les premiers soins, j'ai commencé à chercher un moyen de transport pour me rendre au QG des mercenaires. Près du portail s'entassaient des lambeaux de vêtements ensanglantés, des bottes découpées, des bandages, des équipements militaires brûlés… Un spectacle qui ne laissait aucun doute sur le sort tragique de leurs propriétaires.

La vallée de la mort

L'aube s'était levée sans même que je m'en rende compte. Le soleil inondait la vallée incendiée de l'Euphrate. Les redoutes des mercenaires russes finissaient de se consumer en émettant une faible lueur de tisons fumants. La route traversant Khsham était jonchée de carcasses brûlées de camions et de véhicules blindés destinés au transport de troupes. Pour s'échapper de la zone de destruction, les conducteurs avaient tenté de contourner les véhicules en feu, mais pris dans un embouteillage, ils s'étaient retrouvés piégés. Les coques encore chaudes des chars engloutis par le feu brillaient d'une teinte brune de métal calciné.

Au QG, que j'ai fini par rejoindre en auto-stop, je me suis traîné directement dans le bureau du chef. Wagner a écouté mon rapport sans m'interrompre, la mâchoire serrée, puis a lâché entre ses dents : « Va rassembler tes gars, compte les pertes, transmets les données au chef d'état-major. » Dans son regard, l'amertume se mêlait à la colère. Je suis aujourd'hui convaincu qu'il avait anticipé dès le départ la probabilité d'une défaite, mais qu'il n'avait pas osé contredire Le Premier. Wagner avait pris un gros coup à l'ego et à sa crédibilité, il avait été vaincu, et cela le blessait au plus profond de lui-même.

L'urgence était désormais d'aller récupérer tous les rescapés de cette nuit infernale. La nouvelle de cette bataille dévastatrice s'est répandue comme une traînée de poudre. Une équipe de médecins en ambulance avait déjà été dépêchée par le commandant Ahed depuis l'hôpital d'Al-Suqaylabiyah.

Dniepr m'a expliqué que les Amerloques nous avaient donné l'autorisation de récupérer les blessés et les morts. Les Kurdes étaient sous leur contrôle, ce qui nous garantissait le respect de ce corridor humanitaire.

Au matin, lorsque l'opération de sauvetage a commencé, il y avait très peu de survivants sur le champ de bataille, la plupart de ceux qui n'avaient pas pu être évacués au milieu du carnage avaient succombé à leurs blessures. La route était jonchée de corps martyrisés de mercenaires, et l'air chargé d'une odeur de chair brûlée. Pas moins de cent combattants russes avaient péri. Mais j'étais trop fatigué par cette nuit infernale pour ressentir quoi que ce soit. Pendant que je distribuais des instructions aux uns et aux autres pour mener les recherches, un Ural long gabarit s'est arrêté devant le bâtiment. Un Russe, m'appelant par mon nom de guerre, m'a interpellé : « Jette un œil, on dirait tes gars. On les a trouvés là-bas. » À l'arrière du camion, les dépouilles des Chasseurs étaient empilées. Les corps, brisés, tordus dans leur agonie, semblaient avoir été saupoudrés de cendre. Mon regard s'est arrêté sur mon interprète. Yassef était allongé sur le dos, le visage couvert de poussière grise. Les verres de ses lunettes obscurcis par ce même voile trouble ne reflétaient même plus les rayons du soleil. Il était donc resté dans la maison et avait péri sous ses décombres.

J'ai donné l'ordre de décharger, en indiquant où déposer les corps.

Je mourais de soif. Une tasse de thé noir et une cigarette m'ont aidé à me ressaisir et me débarrasser de l'indifférence engourdie qui s'emparait de moi avec la fatigue.

Il fallait continuer les recherches, des dépouilles manquaient encore à l'appel.

Finalement, après plusieurs expéditions, les restes d'Alam ont été découverts. Sa radio, cassée, dans son étui taché de sang séché, a été retrouvée non loin de l'endroit où nous nous étions séparés. Des lambeaux de son uniforme de commandant de la compagnie traînaient là. Il portait une tenue de camouflage couleur désert, différente de celle des autres combattants. Quelques fragments de son corps déchiré ont été rajoutés dans le sac avec ses effets. Il ne restait pratiquement plus rien de lui.

Les Syriens n'étaient pas d'une grande efficacité dans les recherches, et l'essentiel des restes humains et des armes abandonnées et endommagées m'a été rapporté par mes camarades russes, qui ont œuvré de manière plus systématique et organisée. Ce sont eux également qui ont fini par retrouver l'endroit où nous avions stocké les armes lourdes et les munitions.

En tout, un tiers de l'escouade des Chasseurs avait péri, et presque tous les survivants souffraient de blessures provoquées par des éclats d'obus et des brûlures.

Le soir, j'ai été convoqué au quartier général. Tous les commandants des mercenaires étaient réunis dans la même salle spacieuse où, la veille, Dniepr avait promis le soutien de l'aviation russe et l'aide des Arabes rebelles. Cette fois, c'est Wagner qui parlait. Après avoir écouté les rapports des commandants sur le nombre de tués et de blessés dans la bataille, ainsi que sur les pertes en équipements et en armes, Wagner a prononcé une phrase qui restera gravée dans ma mémoire pour le reste de ma vie.

« Voilà qui résume bien la situation. L'armée russe nous a abandonnés, les alliés syriens ne nous ont pas soutenus non plus. Conclusion : nous nous sommes battus pour les mauvaises personnes. »

Dans un moment d'émotion, le chef des mercenaires avait montré son vrai visage et trahi le fond de sa pensée : il était prêt à vendre sa force de combat à n'importe qui et contre n'importe qui. Les Russes et Bachar n'étaient, en fin de compte, que des alliés de circonstance.

Côté mercenaires russes, c'était l'hécatombe. Pour la première fois dans l'existence de la Compagnie, ils avaient subi une défaite cuisante. Jamais autant de soldats de fortune n'avaient été tués au cours d'une seule bataille. Les dépouilles, ou ce qu'il en restait, ont été évacuées et placées dans un conteneur réfrigéré à l'usine Hayan. L'énorme réfrigérateur était rempli à ras bord de sacs de cadavres empilés sur deux niveaux.

Que s'est-il passé ?

Nous avions participé, sans le savoir, au premier affrontement militaire de l'histoire récente entre les États-Unis et la Russie. Et il s'est soldé par une défaite cuisante des mercenaires russes. Dès que le Spooky américain, un avion d'appui aérien rapproché, est apparu dans le ciel au-dessus de Conoco, les militaires russes ont compris que la situation leur échappait. Refusant de reconnaître que les mercenaires qui avançaient vers l'usine faisaient partie de troupes pro-gouvernementales regroupées sous le commandement de généraux russes, le commandant ne les a pas arrêtés dans leur progression funeste. Pire ! Il a ordonné à ses avions de guerre de quitter l'espace aérien au-dessus de l'Euphrate. Pour ne pas être impliquée, l'armée russe a donc choisi d'observer depuis les coulisses la débâcle des mercenaires. Alors que nous finissions d'être massacrés par les hélicoptères d'attaque américains et les frappes de drones, l'état-major russe regardait ailleurs.

Pendant l'opération de libération de Deir ez-Zor, une ligne de démarcation avait été déterminée entre les forces kurdes et syriennes. L'armée américaine, qui parrainait les Kurdes, et les Russes, qui soutenaient et dirigeaient les troupes de Bachar el-Assad, ligués contre l'ennemi commun officiel, l'État islamique, avaient établi un canal de communication régulier par téléphone.

Le dialogue entre les deux commandants des formations « alliées ennemies » s'est limité ce jour-là à une supposition des Américains démentie provisoirement par les Russes. Sans jamais reconnaître que des formations russes étaient impliquées dans l'opération en train de se dérouler au sol, le général russe a tenté de persuader son interlocuteur de cesser le feu. En vain. Pour ne pas risquer sa carrière, le général russe a passé plusieurs heures à nier la présence de ses propres compatriotes, nous-mêmes. N'ayant reçu aucune instruction sur la démarche à suivre en cas de problème, il a eu peur de prendre, lui, une décision. En fait, il a menti sans aucune hésitation. Les mercenaires russes faisaient partie intégrante des forces pro-gouvernementales syriennes, et par conséquent leur moindre action, comme la capture d'une usine impliquant une confrontation avec les forces ennemies, ne pouvait être accomplie qu'avec l'autorisation du commandement militaire russe.

Cette lâcheté s'est avérée criminelle. Les mercenaires, armés de vieux canons et mortiers, n'avaient pas les moyens de lutter contre l'aviation et de résister aux armes de haute précision. Ils n'avaient que leur sagacité et leur courage pour eux, ce qui s'est révélé insuffisant. Les Américains ont démontré de manière éclatante ce qu'une armée peut faire contre une formation équipée de manière rudimentaire. Les soldats de fortune ne l'étaient que pour combattre des milices de l'EI. Des forces dotées d'armes modernes et entraînées à les utiliser en combat ouvert ne laissent aucune chance de victoire ou même de survie à un groupe de casse-cou désespérés à l'équipement obsolète.

À vrai dire, je n'éprouvais aucune haine envers ceux qui avaient exterminé mes camarades. J'avais beau essayer de reporter ma colère sur les Américains, je sentais bien que la responsabilité de la tragédie était ailleurs. Nous avions été trahis par ceux pour qui nous nous battions et risquions nos vies. Nous sommes gouvernés par des personnes qui préfèrent ne pas prendre de décisions, obsédés, à tous les niveaux du pouvoir, par la satisfaction des caprices d'un grand boss, quitte à sacrifier des hommes, sans aucun remords. Qui était l'ennemi ici ?

Les coupables oublieront très vite leur rôle dans la planification et l'exécution de cette opération dévastatrice. Le commandement de la brigade de mercenaires poursuivra ses activités ineptes. Le général de l'armée russe qui a trahi ses compatriotes retournera en Russie et, après avoir reçu les traditionnelles décorations, prendra le commandement d'un district, tremplin vers une grande prospérité matérielle, sans jamais avoir besoin de faire son examen de conscience.

La nuit tombée, je rentrai à Al-Suqaylabiyah, dans mon pick-up, suivi par le Kamaz rempli des dépouilles des combattants et l'ambulance qui transportait les blessés. Nous n'avons pas réussi à identifier les restes de trois hommes. Aux abords de Palmyre, mon téléphone de service a sonné. J'ai regardé l'écran, c'était Le Premier. Après avoir écouté mon rapport sur les pertes, il a parlé sur le ton d'un homme qui en veut au monde entier :

– Tu dois tout décrire. Avec autant de détails que possible, fais ton maximum. Une attention particulière doit être accordée à la description des munitions utilisées contre vous. Que ces enculés du ministère de la Défense découvrent ce qui vous a tués. Ils n'arrivent toujours pas à croire que ce sont les Américains qui vous ont tiré dessus.

En réalité, Prigojine avait prévu de prendre l'usine de Conoco dès l'automne 2017, mais les mercenaires étaient alors occupés à prendre définitivement en étau l'EI à Deir ez-Zor, car l'armée syrienne en était incapable. Pendant ce temps, les Kurdes avaient réussi à occuper l'usine et les champs adjacents. Je savais que mon patron négociait depuis longtemps avec les chefs de la communauté kurde. Entre-temps, la situation avait changé, les chefs de tribu avaient perdu le pouvoir de décider qui serait propriétaire du pétrole, passé aux mains de l'Armée syrienne libre, et devaient renforcer l'assise des Forces démocratiques syriennes. Mais Le Premier, obsédé par son désir de s'approprier l'usine, ne voulait pas lâcher l'affaire. Il avait donc persuadé le commandant de l'armée russe que l'usine de Conoco était un objectif facile, et imposé le plan d'attaque aux commandants de sa SMP. Nous, les mercenaires, avions tout bonnement été sacrifiés sur l'autel d'une erreur de Prigojine, au profit de ses ambitions démesurées.

Le lendemain, nous allions apprendre de la bouche de ses hauts représentants que la patrie nous avait définitivement reniés. Maria Zakharova, la porte-parole du ministère des Affaires étrangères, a menti sans sourciller. Bien qu'ayant admis que des combats s'étaient déroulés près du champ gazier de Conoco, elle a nié fermement la présence de Russes parmi les victimes. Plus tard, le porte-parole du Kremlin, Dmitry Peskov, a démenti à son tour, publiquement, l'existence même des mercenaires russes.

Oui, nous, mercenaires, vendons notre force de combat, mais cela ne veut pas dire que notre vie appartient à quelqu'un d'autre, qui peut en disposer à sa guise. J'ai signé un contrat pour accomplir un certain travail, mais jamais une obligation de mourir pour les caprices de qui que ce soit.

Les Chasseurs de l'EI

Je commençais à voir les choses sous un autre jour, mais n'étais pas encore mûr pour franchir le pas et m'émanciper. La tragédie de Khsham n'était qu'un exemple flagrant du mépris des dirigeants russes en général, convaincus de leur impunité, à l'égard de leurs administrés, corvéables à merci et dont la vie n'a aucun prix. Prigojine et son entourage étaient prêts à nous entraîner dans n'importe quelle sale affaire sans jamais en assumer les conséquences. J'aurais dû démissionner à ce moment-là. Je ne devais plus rien à Prigojine, qui m'avait pratiquement envoyé à l'abattoir. Mais le serf d'hier ne parvenait pas à se défaire d'un sentiment de gratitude injustifié envers son « bienfaiteur ».

J'espérais par ailleurs que ce qui s'était passé ne marquait pas le début de la métamorphose de la Compagnie en une secte totalitaire qui n'accorderait aucune valeur à la vie de ses membres, les privant de plus du droit à leur propre point de vue.

Je me suis persuadé moi-même que c'était juste une faille, réparable, dans le mécanisme, et cela m'a redonné de l'entrain. Le poste de conseiller principal que j'avais désiré m'offrait l'opportunité de former un petit monde à la mesure de ma conception du bien et du mal. J'ai donc décidé d'agir et de me plonger à corps perdu dans la constitution d'une équipe de professionnels réfléchis et responsables.

Les combattants du bataillon des Chasseurs de l'EI, une SMP locale créée à Al-Skelb avec des recrues syriennes, avaient été transformés en figurants de cinéma pour mieux dissimuler la présence de mercenaires russes en Syrie. Le citoyen russe ordinaire n'avait pas besoin de connaître le rôle décisif joué par les soldats de fortune dans la défaite de l'État islamique. Cela susciterait trop de questions. Les chaînes de télévision russes, principal outil de propagande du Kremlin, faisaient toutes l'éloge des généraux ayant vaincu l'EI sans faire couler le sang des soldats russes. La Russie bombardait l'ennemi depuis les airs, tandis que les soldats de Bachar el-Assad combattaient au sol. Ça, c'était le récit officiel. En réalité, l'armée syrienne n'était pas capable de vaincre les terroristes, et ce sont les mercenaires russes qui sont allés au casse-pipe, sacrifiés pour sauver la crédibilité du commandement de l'armée russe. Du point de vue des propagandistes, l'image d'Épinal du brave Syrien, combattant les méchants djihadistes au sein d'un bataillon de Chasseurs, serait perçue par le public avec plus de tendresse que le visage mal rasé du mercenaire russe. Prigojine suivait les ordres d'en haut, s'adaptant aux exigences du système et soutenant la campagne de désinformation.

Mais au fil du temps et de la guerre a émergé l'idée d'utiliser les Chasseurs dans de véritables opérations militaires. Sauf que les faux figurants, qui n'avaient pas été préparés à se battre, n'ont pas été remplacés par de véritables soldats. Le recrutement avait été effectué par des intermédiaires – anciens des villages, dignitaires et autres agents rémunérés. La majorité des combattants enrôlés appartenaient à une catégorie d'hommes particulière. Ils étaient de ceux qui ne voulaient pas risquer leur vie : les déserteurs et toutes sortes de soldats déviants qui s'engageaient en espérant échapper aux combats. Dès le départ, les instructeurs russes de ce contingent douteux se sont limités à transmettre un enseignement élémentaire, sans se préoccuper de former des commandants de bataillon. Pour les mercenaires russes, ce projet était mort-né. N'y ayant jamais cru, ils n'ont jamais vu l'intérêt de faire des efforts pour créer une véritable unité de combat. Mon prédécesseur, tel un propriétaire paresseux, donnait des ordres par l'intermédiaire de ses commis – des instructeurs qui le méprisaient en secret, et Aba Yusha qui s'écrasait devant lui. Il n'avait jamais cherché à entraîner ces hommes au combat, laissant aux instructeurs syriens le soin d'enseigner l'effort de guerre et d'accompagner leurs élèves sur le théâtre des opérations, moins comme des conseillers que comme des bergers qui auraient déplacé un troupeau effrayé au moindre coup de feu.

Le bataillon des Chasseurs était composé d'une unité civile et d'une branche militaire, la première dirigée par le commandant Ahed et la seconde, par son adjoint Aba Yusha. Ahed, qui gérait la comptabilité, était chargé de recruter de nouveaux combattants, mais n'avait qu'une très vague idée de ce qui se passait sous la supervision de son adjoint dans l'unité armée. Aba Yusha, lui, n'était bon qu'à jouer dans des vidéos de propagande de mauvaise facture, s'exerçant assidûment au rôle du héros patriotique, qui se bat pour son pays et son Président. Aba Yusha était aussi beau qu'idiot. En charge de la planification des activités et de la direction des actions des unités du bataillon, il se contentait de recevoir et d'accepter les ordres du commandant russe, puis de déverser ce qu'il en avait compris et mal interprété sur ses subordonnés.

Dans la bataille près de Khsham, j'avais vu, à travers l'exemple d'Alam, que les Syriens étaient capables de se battre vaillamment. J'ai donc licencié Aba Yusha, après qu'il a refusé d'être rétrogradé au rang de simple soldat. Pour le remplacer, on m'a recommandé Nazim qui, dépourvu du charisme d'Aba Yusha, disposait d'une qualité autrement plus précieuse pour moi : l'expérience du commandement dans des opérations de combat.

Le centre d'entraînement des Chasseurs était situé dans un complexe militaire typique près de Homs. La plupart des infrastructures militaires dans les zones désertiques du pays ressemblent, aux yeux d'un Russe, à des colonies pénitentiaires. Des baraquements en béton armé aux fenêtres étroites dans leurs cadres métalliques, des cubes de latrines ressemblant à des boîtes de transformateurs, le bâtiment des douches en forme de cellule d'isolement, et une clôture de barbelés encerclant toute cette sinistre splendeur. L'ensemble était complété par des entrepôts et une cantine qui ne se distinguaient pas les uns de l'autre. Le centre de formation possédait cependant deux atouts principaux – il était vaste et disposait d'un champ de tir.

Il est très difficile de préparer au combat des hommes qui ont rejoint une formation paramilitaire avec la ferme intention de ne pas aller à la guerre. Les Syriens ne s'engageaient pas chez les Chasseurs parce qu'ils avaient une envie irrésistible de se battre aux côtés des Russes. Tout le monde savait que la fonction principale des Chasseurs de l'EI était de faire de la figuration aux côtés des mercenaires russes, sans prendre trop de risques, y compris dans des affrontements sporadiques avec de petits groupes ennemis. Même les salaires, plutôt élevés par rapport aux normes syriennes, ne suffisaient pas à motiver mes subordonnés. Les conséquences d'un faux patriotisme et d'une insatisfaction latente sont difficiles à surmonter. Former des commandants à partir d'une masse inerte ayant grandi sous la tutelle de l'autoritarisme semblait utopique.

Les Chasseurs n'avaient pas l'esprit de combat, en revanche ils étaient dotés d'une mentalité d'esclaves, et dépourvus de tout sens des responsabilités, comme j'ai pu m'en rendre compte un jour où j'en ai envoyé quelques-uns prendre la relève aux postes de garde des champs de pétrole. La plupart d'entre eux, malgré la fraîcheur du matin, s'étaient présentés assez légèrement vêtus et avaient visiblement froid.

Quand j'ai demandé à Nazem où étaient les anoraks chauds qui leur avaient été distribués, il a haussé les épaules. Il a fallu téléphoner au commandant du bataillon, Ahed, pour obtenir une explication.

« Bien sûr qu'on leur a distribué des vêtements adéquats, mais ils les ont ou planqués chez eux ou déjà revendus, ça arrive tout le temps. Avant de partir en congé, ils disent n'avoir rien de correct à se mettre sur le dos et demandent à garder l'équipement qu'on leur a fourni, pour ne pas geler en chemin. Le problème est récurrent. Ils profitent du fait que nous ne pouvons pas nous permettre de les envoyer dans le désert sans leur fournir de vestes chaudes. Dans l'armée syrienne, personne ne se soucierait de savoir s'ils sont bien équipés. Mais ils ont compris que dans notre bataillon, ils sont traités avec soin et respect, et ils ont tendance à en profiter. C'est plus fort qu'eux. »

Sur le champ j'ai annoncé aux hommes :

« Vous avez tous reçu des vestes chaudes, je le sais. Vous les avez soit perdues, soit laissées à la maison. Les nuits sont encore assez fraîches et je ne peux pas vous envoyer dans le désert à poil, vous allez prendre froid et vous trouverez incapables de remplir vos fonctions. Nous allons vous acheter de nouvelles vestes, et déduire leur coût de vos salaires. »

Le soir même, tous les combattants rentrés de permission avaient retrouvé leur anorak, et fait savoir qu'il n'était pas nécessaire de leur en racheter, surtout à leurs frais.

Une famille ordinaire

J'étais anxieux à l'idée de rencontrer la famille d'Alam, n'ayant toujours pas réussi à trancher, dans mon for intérieur, si j'avais eu raison de quitter le champ de bataille, ou si j'aurais dû rester, comme lui, jusqu'à la fin. J'aurais pu continuer à trouver des excuses en invoquant mon emploi du temps chargé et repousser la visite, mais les mots d'Ahed m'ont forcé à agir.

« Sa famille attend. Ce sera un grand honneur pour elle, ils seront tous heureux qu'un commandant russe leur rende visite. Cela atténuera un tant soit peu leur chagrin. Tous les habitants du quartier sauront que leur fils était respecté par les soldats russes, et peut-être cela les aidera-t-il d'une manière ou d'une autre. La vie sera dure pour eux maintenant, les parents d'Alam sont âgés, il a laissé une veuve avec deux jeunes enfants. Il n'avait même pas terminé de construire une maison pour sa famille, ils vivent tous dans celle des parents. La compensation financière aidera, mais ne résoudra pas tout. »

Le village était niché au fond d'un ravin étroit entouré de sommets boisés. Nous avons été accueillis par une pluie battante, de la brume et les mornes bâtisses de la ferme familiale, érigées sur de minuscules parcelles horizontales du terrain montagneux… Le père, la mère et la veuve d'Alam, prévenus la veille de notre venue, nous ont reçus avec une révérence contenue, propre aux habitants des montagnes. Muhammad, l'ami d'Alam, a tiré quelques rafales de mitraillette en l'air, un salut rituel réservé à ceux qui ont traversé la guerre. Le père d'Alam nous a invités à entrer dans la maison – un bâtiment de plain-pied avec une extension en construction, destinée à la famille de son fils défunt. La pièce principale, la plus spacieuse de la maison, était meublée de chaises et de bancs, le long des murs. Du café chaud, des confiseries et des biscuits étaient disposés sur de petites tables au centre.

En tant qu'invités d'honneur, nous avons été installés près du chauffage, une de ces cuisinières à combustible liquide courantes en Syrie. Les murs du logement, fins comme du papier à cigarette, ne retenaient pas bien la chaleur, la période de basses températures hivernales dans les montagnes de Lattaquié durait plus longtemps que dans les plaines.

Des meubles simples, des murs nus, des fenêtres à cadre métallique – le mode de vie dans l'arrière-pays montagnard se distinguait de celui des zones balnéaires et des plaines d'Al Gamb par son ostensible austérité. Les autres invités, des gens modestes, comme le père d'Alam, discutaient, leurs mains ridées et calleuses croisées sur les genoux, paumes vers le bas.

Les femmes, ne prenant pas part à la conversation, apportaient du thé chaud et du café fraîchement préparé, puis se retiraient doucement dans la pièce voisine. Dans l'embrasure de la porte apparaissaient de temps en temps les frimousses curieuses des enfants d'Alam. J'ai remarqué que la mère d'Alam boitait lourdement, elle luttait à chaque pas. Aidée de plusieurs autres femmes, la veuve d'Alam, protégeant la mère éplorée, s'était chargée de l'essentiel de la réception.

On parla de la guerre et des difficultés inhérentes à cette période si rude dans l'histoire du pays. J'écoutais les propos des uns et des autres, essayant de comprendre pourquoi ces laissés-pour-compte soutenaient un régime corrompu et méprisable.

Avec leurs visages simples creusés de rides profondes, leurs vestes usées aux poches pendantes sur des pulls délavés, ils ne ressemblaient en rien aux dignitaires du régime ou aux généraux. Qu'est-ce qui les rapprochait ? Pourquoi étaient-ils prêts à continuer à payer et à sacrifier leurs fils, leurs frères, leurs pères et eux-mêmes pour le bien-être de ceux qui les méprisaient ? Ils devaient, inconsciemment, avoir peur de l'anarchie. Ils ne soutenaient pas le pouvoir dans l'espoir d'un avenir radieux, mais par crainte d'une situation pire encore.

Nous ne sommes pas restés longtemps dans cette maison endeuillée à l'atmosphère déprimante. Malgré l'accueil très amical et chaleureux, j'étais impatient d'échapper à cet espace exigu et confiné. Après avoir raconté ma dernière conversation avec Alam, j'ai eu l'impression de mieux respirer. C'était comme si j'avais été soulagé d'un lourd fardeau en leur avouant que j'avais accompli mon destin pour sauver ma vie alors qu'Alam, lui, était resté avec ses hommes parce que c'était sa guerre et que c'était ainsi qu'il comprenait sa mission.

Son père et moi nous sommes quittés avec un sentiment de gratitude mutuel. Lui pour la fierté gagnée de pouvoir dire au monde entier que son fils était un héros, simplement un de ceux qui n'étaient pas rentrés du front. Et moi pour l'opportunité de me confesser.

Sur le chemin du retour, Ahed m'a dit que la mère d'Alam avait besoin d'une prothèse du genou.

– Je me suis renseigné, a-t-il ajouté. Elle pourra se faire opérer gratuitement, ça se passe comme ça ici, mais la prothèse coûte

1 500 dollars. Ils n'ont pas encore terminé la maison, et tout l'argent qu'ils vont recevoir pour Alam servira à la construire.

– Gratuitement, hein. Les médicaments sont gratuits. Les opérations chirurgicales aussi. Pareil pour l'éducation. Vous vivez dans des maisons et des appartements tout à fait corrects, moissonnez deux fois par an. Pour avoir faim ici, il faut vraiment avoir un talent particulier. Alors, pourquoi vous faites-vous la guerre ? Pourquoi la guerre civile ? C'est quoi le problème ? Regarde, la famille d'Alam et tous leurs voisins, ils vivent plus chichement que les habitants de la plaine, mais eux ne se révoltent pas, ils soutiennent le régime. Pourquoi ? Les pauvres triment sans broncher, tandis que ceux qui n'ont pas faim et ne se tuent pas au travail montent sur les barricades.

– Chacun est mécontent à sa façon.

Ahed n'avait clairement aucune envie de débattre avec moi des causes des Printemps arabes. Il m'a suggéré en revanche de demander à mes supérieurs si la famille d'Alam ne pouvait pas recevoir une compensation supplémentaire. J'ai promis d'en toucher un mot à Wagner.

– Et qu'est-ce que nous gagnons, nous, avec cette œuvre caritative ? Nous avons payé la compensation rubis sur l'ongle (mon chef ne refusait pas la requête d'Ahed, mais ne l'acceptait pas sans conditions non plus).

– C'est de l'aide pour les parents d'un Syrien tombé en combattant aux côtés des Russes. La rumeur se répandra et nous y gagnerons en popularité et en crédibilité auprès de la population locale.

– C'est vrai. Mais alors il faut vraiment faire de la com'. Regarde, les soldats font tellement le show autour de chaque convoi humanitaire que tout le monde commence à penser que c'est aussi fort que de dégommer une grosse troupe de combattants.

– Ce sera fait. Nous pourrions le signaler dans le journal local, tourner une vidéo et la poster sur Internet.

J'ai compris, au ton du chef, qu'il avait accepté mon idée. La manière dont elle serait mise en œuvre importait peu, tant que l'entreprise était menée à bien.

Un mois plus tard, la mère d'Alam apprenait à vivre avec son nouveau genou. Et moi, j'arrêtai définitivement de me torturer au sujet de ma décision en cette funeste nuit. J'avais trouvé la paix avec ma conscience.

La guerre des autres

La Ghouta et Douma, deux villes voisines à la périphérie de Damas, étaient assiégées par les forces gouvernementales depuis plusieurs années. En mars 2018, une fois de plus, l'armée de Bachar el-Assad est passée à l'attaque. Conçu en collaboration avec l'état-major russe, le plan global de sauvetage du régime impliquait l'élimination systématique des poches de résistance. Après la répression de l'insurrection à Homs et Hama, c'était au tour de la banlieue de Damas de subir une attaque massive.

En 2015, j'avais du mal à croire les récits évoquant la persistance d'enclaves de résistance armée au sein des grandes villes de Syrie. Comment des habitants ordinaires pouvaient-ils tenir tête à une armée professionnelle ? Ils allaient forcément être pris en étau, arriver à court de munitions et se rendre... Dans les faits, l'armée de Bachar ne s'est vraiment pas distinguée par ses succès. La corruption et l'injustice sociale, qui ont poussé les rebelles à prendre les armes, ont joué contre l'État responsable de ces maux. En outre, le marché clandestin des armes en Syrie existe depuis des temps immémoriaux, et la guerre n'a fait qu'accroître les possibilités pour les barons de l'armement de profiter du commerce de la mort. Les gradés affairistes et véreux ont utilisé leur position pour s'enrichir dans ce pays qui, se préparant sans cesse à une guerre majeure avec Israël, a accumulé des armes par dizaines de milliers.

Au début de l'insurrection, une partie de l'arsenal a migré depuis les dépôts de l'État vers les territoires tenus par les rebelles. Mes amis à Al-Suqaylabiyah m'assuraient que tout, y compris les munitions et le carburant, pouvait être acheminé, moyennant bakchich, à travers les checkpoints de la ligne de démarcation avec la zone d'Idlib. Je pense que les postes de contrôle aux alentours de Damas fonctionnaient de la même manière.

En outre, l'armée avait été affaiblie par la désertion massive des sunnites, hostiles à Bachar, pour devenir un conglomérat de marginalisés, mal formés et peu motivés. Après mon passage à la Ghouta, j'en suis arrivé à la conclusion que la guerre civile était la continuation de la révolte d'une minorité progressiste contre une caste politique dominante et une masse silencieuse soumise. Les forces armées, formées à partir de la majorité obéissante, ont dû se battre contre une classe moyenne avisée. Les rebelles ont vite appris l'art de la guerre.

Les militants locaux s'étaient élevés contre le régime d'Assad, mais dans les infinies réorganisations et les jeux d'influence, ils ont perdu de vue le sens de leurs aspirations initiales. Les activistes du Printemps arabe et l'Armée syrienne libre ont été largement dilués et divisés par des éléments fondamentalistes venus de l'extérieur.

Des groupes, souvent hostiles les uns aux autres, se sont établis autour de la capitale. Le bombardement opéré sur des quartiers résidentiels de Damas et les attaques terroristes justifiaient une opération de « nettoyage » des banlieues rebelles. Cette fois, l'armée syrienne avait une carte maîtresse dans sa manche : la capacité militaire de la Russie.

Menée par le cinquième corps de volontaires du général Souheil al-Hassan, cette opération de nettoyage était un projet chéri par le commandement russe, dont l'efficacité n'existait cependant que sur le papier, ce que les généraux savaient. Il a donc fallu mobiliser des mercenaires russes, par précaution. On m'a chargé de préparer un groupe de Chasseurs pour participer aux combats. Les troupes de Souheil, soutenues par l'aviation et l'artillerie russes, enfoncées dans les zones résidentielles, s'étaient immobilisées dans le dense tissu urbain. Les soldats de fortune russes avaient leur propre section de défense. Ils avaient soigneusement nettoyé la zone qu'ils contrôlaient en faisant sauter les tunnels qu'ils avaient trouvés, et en se gardant bien de s'enfoncer plus loin dans les entrailles de la ville, laissant aux Syriens le soin d'accomplir eux-mêmes cet acte de guerre civile.

La plupart des Syriens s'adonnaient à une activité en laquelle ils excellaient : le pillage. Les soldats de l'armée gouvernementale vidaient les entrepôts et les magasins, les appartements, les ateliers et les usines. Ce n'était pas la première fois que j'observais ces procédés bien huilés de collecte, de chargement, d'enlèvement et de stockage. C'était une pratique courante que cette guerre avait rendue banale.

En inspectant notre refuge temporaire, j'ai trouvé dans ses vastes sous-sols un grand entrepôt de matériaux de finition, d'argile et de teintures diverses. Des sacs de mélanges secs étaient empilés sur des palettes en bois, de grandes cuves de teintures liquides s'alignaient sur le sol, des briques blanches étaient rangées en gros cubes. Et sur des étagères, des dizaines de vases peints, de formes et volumes divers, brillaient dans le crépuscule de la cave.

À proximité se tenait un interprète, récemment engagé.

– Que dites-vous ? Que pensez-vous de toute cette beauté ? lui ai-je demandé.

– C'est très joli, a-t-il marmonné, visiblement moins impressionné par les céramiques que par la quantité de biens abandonnés par le propriétaire – il y en avait pour des millions de livres syriennes. Est-ce que je pourrai emporter quelque chose ?

– Bien sûr, je pense que nos amis russes n'y verront pas d'inconvénient. Le propriétaire ne récupérera rien de toute façon, tout tombera aux mains des hommes de Souheil. Aucune raison de laisser ces pillards gagner plus d'argent encore, prenez ce que vous voulez pour meubler votre maison.

Dans ma tête, j'imaginais l'usage qui pouvait être fait de la peinture et des vases. Les soldats de Bachar s'emparaient de tout ce qu'ils trouvaient pour leur enrichissement personnel, sans se soucier de leur équipement, matériel et autres effets militaires, qui restaient misérables. J'ai décidé de détourner un petit courant du grand flux qui enrichissait les généraux, pour les besoins du bataillon qui m'avait été confié. Les mélanges de mortier pouvaient être utilisés pour rénover les murs des casernes, la peinture pour rafraîchir le revêtement de l'équipement du champ de tir, tandis que les grandes feuilles de papier serviraient à imprimer des affiches pédagogiques.

Dans les dédales d'une ville devenue champ de bataille, la nuit n'offre ni repos ni ennui. L'obscurité permet aux maîtres des faubourgs de se déplacer, naviguant parmi les ruines avec aisance. Ce long siège a non seulement appris aux combattants à se déplacer furtivement, mais il leur a permis de creuser des dizaines de kilomètres de tranchées et de tunnels.

La nuit, les insurgés prenaient le dessus sur les forces gouvernementales. De brefs échanges de tirs résonnaient dans l'obscurité. Mais les sorties de l'ennemi, visiblement pour trouver une brèche dans la défense qui tenait bon, étaient de courte durée.

Fake news

J'avais reçu l'ordre d'accueillir les journalistes de FAN, l'Agence fédérale d'information, l'un des médias de Prigojine, venus à la Ghouta pour préparer un reportage sur les Chasseurs de l'EI. Ils étaient deux. Lors d'une précédente mission, j'avais rencontré l'un d'eux, surnommé Kira. J'ai décidé de les emmener sur les positions de Khava, l'un des chefs de section de l'unité yakoute que je connaissais depuis longtemps. C'était un Bouriate, naturellement doté d'une force intérieure, et capable de sortir vivant de n'importe quel combat. Mais même lui devait finir par se heurter aux limites de son destin : il a péri en Ukraine en 2022.

La principale ligne de défense dans cette zone était une ligne de bâtiments industriels délabrés, en bordure d'une oliveraie. Le détachement de mercenaires russes et le groupe de Chasseurs se trouvaient positionnés sur le toit du bâtiment, sous la protection d'un parapet de béton renforcé avec du matériel improvisé. Les mercenaires disposaient d'une mitrailleuse et d'un lance-grenades AGS, les meurtrières de leurs positions n'étaient ouvertes que lorsqu'ils avaient besoin de tirer. Les observateurs en service surveillaient les environs tandis que les autres se reposaient. Tout autour du bâtiment s'affairaient les Syriens qui chargeaient un camion, en vidant un grand entrepôt de rouleaux de papier d'aluminium.

Les hommes de la section de Khava nous ont fait une petite démonstration de tir, laissant ensuite les journalistes tenir dans leur paume une balle de gros calibre encore chaude. Une telle balle tirée par un fusil de précision vous fait passer toute envie de mettre le nez au-delà des défenses. Les mercenaires ne se déplaçaient jamais à découvert, préférant raser les murs. Et quand il n'y avait pas de bataille en cours, ils laissaient les sentinelles seules sur leurs positions. Les alliés syriens, eux, infatigables, fourmillaient sur la ligne de front, pour charger leur butin. Absorbés par leurs occupations mercantiles, oubliant toute précaution, les soldats syriens sortaient très souvent et tombaient sous les balles de snipers. Les tireurs d'élite ennemis tiraient sans relâche, de jour comme de nuit, décimant les effectifs du cinquième corps du général Souheil, sans nous causer aucun dommage à nous.

Les correspondants de guerre loyalistes étaient des visiteurs fréquents sur nos terrains d'action, et j'avais déjà remarqué par le passé qu'ils ne s'intéressaient jamais aux principaux protagonistes. Non, ils gagnaient leur pain en falsifiant la vérité. Cette fois encore, les objectifs étaient braqués seulement sur les combattants du bataillon des Chasseurs. Une mise en scène habile, un peu d'improvisation créative, et voilà qu'ils avaient une version illustrée des événements, très appréciée de la propagande. En observant la séance photo, j'ai demandé :

– Dites, c'est quand que vous allez commencer à faire des reportages sur ceux qui font réellement tout le sale boulot ? Les sujets sur les Chasseurs, c'est bien, c'est inspirant, pour nos amis syriens. Sauf que la guerre, en fait, est menée par des mercenaires russes, et depuis longtemps…

Se déplaçant inlassablement à quatre pattes ou en rampant, Kira et son collègue photographiaient les Chasseurs sous tous les angles, changeant de perspective et d'arrière-plan. Nos deux reporters épuisaient les combattants, dont l'enthousiasme initial s'évanouissait un peu plus à chaque nouvelle pose, à chaque nouveau décor.

Après avoir terminé les prises de vue sur le poste de garde, nous avons marché jusqu'à l'entrepôt où Kira a continué son travail en élaborant des compositions scéniques avec les membres de l'escouade d'Amjat, qui se reposaient entre deux services.

Ensuite, nous nous sommes promenés dans les environs, explorant quelques bâtiments industriels délabrés, ou gravement endommagés, parfois complètement détruits, abritant des machines aujourd'hui criblées d'éclats d'obus et recouvertes de suie.

À notre insu, nous étions tombés sur un site de fabrication d'armes des rebelles. Différents types de pièces, y compris de fabrication artisanale, étaient éparpillés un peu partout. Ici, à côté de la presse hydraulique, des paquets d'ébauches et de chargeurs finis d'AK 47, ou plus loin, dans un mandrin de tour, une ébauche d'obus de mortier… le potentiel industriel d'un petit État en guerre. Je me suis souvenu de l'atelier de céramique. « Ce sont des gars compétents, après tout, ils ont maîtrisé la production d'armes aussi. »

Une fois débarrassé de ma corvée matinale d'attaché de presse, j'ai décidé de me détendre un peu. Mais j'avais l'esprit trop occupé pour sombrer dans le sommeil dont j'avais tant besoin.

Inculquer aux Chasseurs syriens l'habitude de respecter le matériel qui assurerait leur survie au combat était trop difficile. Nous devions donc littéralement les forcer à prendre soin de leurs armes. Au début, ils n'étaient même pas capables d'ajuster leur équipement personnel, leurs gilets pare-balle pendouillaient, leurs sangles de mitraillettes étaient mal réglées. Je devais aussi leur imposer de cirer leurs bottes. Si on n'y faisait pas attention, ils portaient des godasses usées jusqu'à la semelle.

Les soldats de l'armée syrienne se battaient avec des armes brunies par la saleté et la rouille, et qui tiraient une fois sur deux. Leur équipement était de mauvaise qualité, mais en plus ils l'utilisaient sans plus de soin que s'ils allaient le mettre au rebut à la première occasion.

Les rebelles, en revanche, avaient mis en place leur propre production. Ils fabriquaient des chargeurs de mitrailleuse et des munitions, restauraient les armes, creusaient des fortifications, des tranchées et des tunnels… Qui combattions-nous ici ? Des gars intelligents et habiles. Pour défendre qui ? Des fainéants et des voleurs.

– Quelqu'un peut m'expliquer contre qui nous nous battons ici ? Ont-ils un lien avec l'EI ? C'est qui, ces gens ?

Je m'étais extirpé de mes pensées pour poser la question au nouvel interprète, Ahed.

– Non, ils n'ont rien à voir avec l'EI. Ils ont d'ailleurs chassé eux-mêmes l'EI depuis longtemps, ils ne voulaient pas avoir affaire à eux. Il y a différentes factions ici, et elles se disputent parfois entre elles. Ce sont des sunnites, ils sont contre les alaouites et Bachar.

– Et les autres, ils vivent mieux sous Bachar ? Les chrétiens, les chiites, les druzes ? Pourquoi seuls les sunnites se sont insurgés ?

– Il y en a beaucoup qui pourraient vivre bien, mais le clan des alaouites au pouvoir empêche les autres de s'élever et de s'enrichir.

– Ce que vous me dites, c'est que le soulèvement a été déclenché par une classe moyenne, empêchée par toutes sortes de restrictions et d'abus de prospérer et de s'enrichir ? Ça fait pas un peu beaucoup de petits entrepreneurs insurgés, pour des villes comme Ghouta et Douma ? Ils sont en guerre depuis six ans, et leur nombre ne diminue pas. Ils sont indestructibles ?

– Il ne s'agit pas seulement de commerçants et de boutiquiers. Il y a beaucoup d'étudiants et...

L'interprète s'est tu au milieu de sa phrase, parce que Talib venait d'entrer dans la pièce, et qu'il ne voulait pas être surpris par un compatriote en train d'expliquer les tenants et aboutissants du conflit à un étranger.

Des entrepreneurs, des artisans, des étudiants, réunis dans un même combat – j'avais déjà entendu ça quelque part…

Dans les protocoles des interrogatoires des mercenaires de l'EI capturés près de Deir ez-Zor lors du nettoyage de l'île de Sakr, j'avais déjà rencontré cette collusion entre des membres de milieux sociaux différents, mais appartenant tous à la classe moyenne. Quand j'étais au QG de la Compagnie, à Saint-Pétersbourg, j'avais lu tous ces rapports et remarqué que la plupart des transfuges de l'Armée syrienne libre vers les factions fondamentalistes étaient issus de classes plutôt aisées. Anciens propriétaires de magasins et d'ateliers de réparation, étudiants et professionnels qualifiés, ils ne pouvaient pas, par définition, être pauvres dans un pays comme la Syrie. Et aujourd'hui, tous ces gens malins et entreprenants étaient contre leur gouvernement, et par conséquent contre nous. Tandis que nous, nous nous retrouvions du côté des bons à rien…

À la tombée de la nuit, la situation a radicalement changé. Les petites contre-attaques éclair menées par des groupes restreints se sont brutalement transformées en une offensive générale massive et concertée. En passant par des tunnels et de profondes tranchées pour se rapprocher de la ligne de contact, les insurgés ont attaqué sur plusieurs fronts à la fois, semant la confusion dans les rangs de l'armée de Souheil qui, absolument pas préparée à combattre au corps à corps, et sûrement pas sans soutien de l'aviation et l'artillerie, a bientôt pris la fuite.

Les soldats de Bachar abandonnaient leurs positions, avec armes et équipement. Les rebelles poussaient de toutes parts, il n'y avait plus front ou arrière, et l'artillerie, qui ne visait que les quartiers centraux de la Ghouta et de Douma, ne leur causait aucun dommage significatif. Une demi-heure plus tard, seules les positions des mercenaires russes n'avaient pas bougé. Ainsi, malgré la nullité des troupes de Souheil, les rebelles n'ont pas réussi à nous prendre, nous, en étau et ont dû se retirer, quand le jour a commencé à pointer, vers leurs positions de départ.

Au matin, j'ai reçu l'ordre de me rendre au poste de commandement du groupement militaire, situé sur la base aérienne, à une vingtaine de kilomètres de la Ghouta. Je me suis mis en route, avec mon interprète, visiblement secoué par les événements de la nuit.

Il a fallu se frayer un chemin à travers les zones où les troupes de Souheil reprenaient leurs esprits après la débâcle de la nuit. Mon pick-up avançait au pas, à travers la foule grouillante de soldats sur la chaussée, en évitant les blindés. À la sortie de la zone de combat, j'ai passé, à un carrefour, deux blindés Ural bien rangés sur le bord de la route. Pendant que les mercenaires tenaient la ligne de défense, les conseillers du ministère de la Défense russe rattachés au cinquième corps étaient restés bien au chaud à l'arrière. Ce qui ne les empêcherait pas de se faire mousser dans les médias russes comme les héros du jour.

La route longeait ensuite des hangars et des entrepôts délabrés jusqu'à un point de rassemblement des réfugiés, un pâté de maisons basses d'un côté de la route et des bâtiments administratifs de l'autre. Des bus évacuaient femmes, enfants et personnes âgées des zones de combat et les déposaient à la périphérie de la Ghouta. À l'arrivée les réfugiés étaient confiés à la Croix-Rouge, sous le regard attentif des services de sécurité syriens.

Les femmes, très nombreuses, marchaient sur la route, sans se soucier de la circulation, avec, agrippés aux amples pans de leurs robes noires, leurs enfants dociles, aux regards de vieillards fatigués par la vie, qui suivaient sans broncher. Sur tous les visages se lisaient la lassitude et la résignation.

Je me suis surpris à éprouver de la sympathie pour ces gens, de la compassion face à la tragédie qu'ils vivaient. Leurs proches s'étaient vaillamment battus toute la nuit contre ces soldats du régime, peureux et pitoyables, pour qui je n'avais que du dégoût : c'était à cause du retrait précipité de ces lâches qu'un de nos snipers avait été tué par les rebelles. La plupart des civils de la Ghouta et de Douma étaient des amis ou parents de ceux qui, ne voulant pas se rendre et déposer les armes, avaient passé la nuit à nous résister vaillamment et chercher à nous tuer. Ces femmes et ces vieillards appartenaient au camp ennemi, et pourtant, je n'éprouvais aucune hostilité à leur égard.

La guerre leur avait enlevé leurs maris, leurs fils et leurs frères, les avait privés de leurs maisons et de tous les biens qu'ils avaient accumulés au cours d'années de dur labeur. Il aurait été stupide de leur reprocher leur attachement, si humain, à leur foyer, à leur famille, ou leur décision de rester auprès de leurs hommes, de continuer à élever leurs enfants au milieu d'une confrontation militaire. Il y avait aussi, parmi ces victimes civiles, des gens qui n'avaient rien à voir avec les insurgés, mais n'avaient tout simplement nulle part où aller, ni personne pour les prendre sous son aile.

Les réfugiés se pressaient autour des bâtiments administratifs, jetant de temps en temps des regards mélancoliques vers les camions qui se frayaient lentement un chemin sur l'étroite avenue. Ils voyaient passer, sans ciller, le butin de l'armée, des marchandises provenant d'entrepôts et de magasins, appareils ménagers, meubles et autres objets de valeur… dont beaucoup leur avaient appartenu.

Ma perception de cette guerre fratricide qui déchirait la Syrie était en train de muter définitivement.

Les rebelles, avec leurs armes légères et lance-grenades, avaient lancé une attaque désespérée contre l'armée régulière, équipée, elle, de chars et d'artillerie. Malgré leur désavantage initial évident, les insurgés étaient parvenus à tenir tête à l'armée et à l'EI, jusqu'à ce que la Russie s'en mêle. Ce qui veut dire que la guerre civile avait purgé les rangs de l'armée régulière de ceux qui étaient capables de gagner la guerre. À la suite de luttes intestines, l'armée s'était retrouvée avec des commandants incompétents et des soldats dépourvus de toute envie d'aller au combat. C'était seulement parce qu'ils étaient en nombre insuffisant pour une opération militaire d'une telle envergure que les rebelles n'avaient pas pu prendre Damas.

Une minorité s'était ouvertement levée contre les diktats du système et de la majorité obéissante. Mais les masses grises et soumises se battaient lâchement et sans entrain, ne sachant rien faire d'autre.

Et tout d'un coup, j'ai eu une révélation : c'étaient justement ces gars des groupes rebelles qui manquaient cruellement à l'armée du régime pour vaincre la peste noire de l'EI. Je savais maintenant qu'il y avait des gens capables de se battre dans ce pays, mais ils n'étaient pas du côté de ceux que nous appelions nos alliés.

Duperie

L'opération militaire dans la périphérie de Damas était terminée, et le gros de l'armée syrienne a été redéployé dans le nord du pays, en vue d'une offensive vers Idlib.

Les habitants d'Al-Suqaylabiyah connaissaient d'expérience les menaces que ces opérations gouvernementales faisaient peser sur les civils dans les territoires contrôlés par les rebelles. Depuis le début de la guerre civile, l'armée de Bachar el-Assad avait connu de brefs succès et avancées vers la frontière nord. Ces offensives avaient invariablement été suivies de pillages massifs, justifiés par le droit que s'arrogeait l'armée de punir la population locale pour son soutien aux rebelles.

La guerre civile dans les régions du nord de la Syrie s'était depuis longtemps transformée en une lutte féroce entre différentes factions armées, mouvements politiques et religieux. Fatigués de vivre dans l'incertitude et l'obligation de s'adapter à des règles qui ne cessaient de changer, les civils étaient prêts à accepter un gouvernement central syrien juste pour retrouver la stabilité, n'ayant plus à obéir qu'à un seul et même maître.

Les combattants des formations antigouvernementales avaient appris à se battre et leurs commandants, à coordonner leurs actions contre l'armée de Bachar el-Assad. Il aurait été plus facile de briser la résistance des rebelles et de les forcer à déposer les armes ou à se retirer, avec le soutien et la coopération de la population locale. Mais une coopération normale avec les anciens et les représentants de la société civile faisant autorité dans les territoires non contrôlés par le gouvernement n'était possible que si l'ordre public était garanti.

C'est pourquoi, estimant impossible de dissuader les généraux syriens de piller, le prêtre Fadi et l'entrepreneur Abu Hafed, lors d'une visite conjointe, m'ont demandé, au nom de leur municipalité, d'organiser une réunion avec les commandants du contingent russe à Hmeimim. En Syrie, toute personne qui conteste la droiture des forces armées s'expose à l'anathème. Ainsi, pas question de dire que les forces armées et leurs alliés pillent : ils font régner la loi et l'ordre à la pointe de leurs baïonnettes, et quiconque en doute mérite d'être sévèrement puni. Les militaires vivent du pillage. Quant aux politiciens, qui obtiennent leur pourcentage, ils ne verront jamais les expropriations d'un mauvais œil. Dans l'esprit des représentants d'Al-Suqaylabiyah, seule l'autorité du commandement russe pouvait rectifier la situation et permettre la sortie de ce labyrinthe d'inimitié et de rancœur.

Prigojine avait approuvé l'initiative des locaux, et m'avait assuré par téléphone que le commandement russe serait attentif à leur requête. D'ailleurs, il avait lui-même prévenu le commandant adjoint Zhitkov de notre visite. « Qu'ils ne soient pas timides, qu'ils disent tout ce qu'ils ont sur la patate. Y que ça qui marche avec les miloufs. Tu me raconteras comment ça s'est passé. »

Le jour dit, par une belle matinée ensoleillée du mois d'avril, nous nous sommes mis en route vers Hmeimim, le père Fadi, Abu Hafed et moi-même. Habib nous accompagnait pour assurer la traduction.

La route traversait un col de montagne recouvert d'un dense tapis de végétation. Les arbustes durs et piquants ont bientôt cédé la place à des bosquets de conifères bas dans les plaines. Le tracé de l'autoroute, s'enroulant dans les courbes du massif montagneux, se redressait parfois, tel un ressort, en ligne droite.

Les maisons vides, les aires de restaurants abandonnées le long de la route et la mine maussade des modules en béton armé aux barrages routiers rappelaient les temps difficiles. La guerre avait privé beaucoup de Syriens de leur bien-être matériel, leur imposant un régime de sécurité spécial, y compris dans les zones qui échappaient aux bombardements.

Dans la rue principale de Hmeimim, de nombreuses enseignes avec des slogans écrits en alphabet cyrillique faisaient de l'œil à leurs principaux clients, le personnel de la base aérienne. Les commerçants s'étaient depuis longtemps habitués aux besoins du contingent russe ; les comptoirs étaient remplis de coffrets cadeaux de savon et d'huile d'olive, de café avec divers additifs, de boîtes de bonbons et de parfums. Toutes ces marchandises, de bonne qualité, se vendaient bien. La seule chose qui manquait dans les épiceries de Syrie, c'était le saucisson.

La conversation a duré le temps nécessaire à une présentation complète de toutes les demandes et tous les souhaits. Le commandant adjoint des forces russes, le général Zhitkov, a même écouté le long monologue d'Abu Hafed jusqu'à la fin, ce qui était en soi remarquable, tant son débit était poussif et monocorde.

Les émissaires d'Al-Suqaylabiyah ont fait part de leurs inquiétudes : en cas de succès de l'offensive des forces gouvernementales,

les soldats de Bachar, comme d'habitude, s'empareraient de tout ce qui leur tomberait sous la main. Le prêtre demandait aux Russes de presser les généraux syriens d'empêcher les habitants d'accéder à leurs maisons et parcelles de terrain dans des endroits où cela faisait déjà deux ans que le drapeau de la République arabe syrienne était de nouveau hissé sur les bâtiments administratifs.

Les seigneurs de guerre syriens, peu doués pour la guerre, avaient fait preuve en revanche d'une bonne gestion économique. Dans les villages où ils n'avaient pas permis aux civils de revenir, leurs soldats avaient mis en place une industrie agricole florissante, avec des récoltes abondantes pendant deux années consécutives. Mais la plupart des bénéfices tombaient naturellement dans les poches sans fond des généraux.

Le prêtre et l'entrepreneur ont également demandé au général russe de bloquer le flux d'armes et de munitions de contrebande à travers les points de contrôle de la ligne de démarcation. Les piquets de l'armée installés à la frontière des territoires occupés par les rebelles ne remplissaient pas leur mission : contre un bakchich, les militaires syriens laissaient passer n'importe quel véhicule sans même en inspecter le chargement.

Le général russe a assuré à mes amis qu'il s'occuperait personnellement de la situation et mettrait fin aux exactions de ses collègues syriens.

« Si le barrage routier s'avère être une passoire, j'ordonnerai qu'on lâche une bombe dessus », a-t-il même promis, à la plus grande satisfaction des patriotes présents dans l'assemblée.

C'est à cet instant que j'ai douté de la pertinence et l'utilité de cette rencontre. La déclaration du général frimeur ressemblait plus à de l'autopromo de mauvais goût qu'à une promesse réellement concrétisable. Comment pourrait-il donner l'ordre direct de larguer une bombe sur les troupes gouvernementales syriennes ? Qui lui en donnerait le droit ? Et qui exécuterait un tel ordre ?

Lorsqu'à la fin de la réunion, le groupe des négociateurs est sorti dans la cour du quartier général, le prêtre syrien, apercevant le clocher de l'église, a souhaité rencontrer son homologue russe. À la fin de la conversation entre ces ministres de ces deux cultes si proches, le père Fadi a invité son interlocuteur à lui rendre visite à Al-Suqaylabiyah, l'assurant qu'il serait accueilli et logé comme un hôte de marque.

Le curé de l'armée s'est alors lancé dans une longue esquive, arguant de ses obligations sur la base aérienne russe. Un refus poli. À ses regards confus et à ses marmonnements incohérents, il était facile de comprendre qu'il n'était pas préparé à une telle proposition et que l'idée ne lui plaisait pas.

Sur le chemin du retour, j'ai demandé au père Fadi s'il avait déjà reçu des représentants de l'Église orthodoxe russe dans sa ville. Il a haussé les épaules, en secouant la tête. Visiblement, pour le clergé de Moscou, c'était une corvée inacceptable que de se rendre dans les régions frontalières du pays.

Encouragés par les promesses du général russe, mes amis ont décidé d'agir. Dès le lendemain, ils interviendraient dans une réunion du conseil de réconciliation dans la province de Hama, pour transmettre les bonnes nouvelles. Y assisteraient aussi des représentants de la population des zones occupées par les rebelles que les assurances du général russe inciteraient certainement à coopérer avec les autorités.

La réunion se tenait dans une salle de conférence du complexe hospitalier. J'étais venu par curiosité, accompagné de Habib. Passé l'euphorie de la veille, le prêtre, sans doute convaincu de s'être déjà suffisamment investi dans toute cette l'affaire, s'était fait porter pâle.

Le représentant du pouvoir, qui avait dû avoir vent de la rencontre sur la base russe, a pris la parole en premier, accusant les représentants de la population des districts occupés de collaborer avec les rebelles.

« Vous ne chassez pas les ennemis de vos maisons. Vous ne hissez pas les drapeaux nationaux. Vous êtes de vrais sympathisants du terrorisme », tonnait-il.

Le fonctionnaire loyaliste accusait ainsi l'assemblée, se gardant bien d'expliquer comment des civils non armés devaient repousser les groupes de combattants. Peut-être pensait-il qu'il suffisait d'organiser des manifestations pacifiques avec des appels aux différentes autorités, jusqu'au siège des Nations unies, s'il le fallait…

La salle restait dans un silence circonspect. Le porte-parole du régime avait laissé entendre très clairement que toute complicité avec les terroristes aurait très bientôt un prix à payer. Sur un ton moralisateur, il a fait comprendre à l'assemblée que l'ordre établi ne changerait pas de sitôt et qu'il était inutile de nourrir de faux espoirs ; le commandement russe n'avait aucune autorité auprès de l'État syrien. Désespéré, Abu Hafed s'est jeté à l'eau. Il a raconté avec émotion sa rencontre avec le général russe, mais son intervention n'a pas eu l'effet escompté.

Les paysans ne seraient jamais autorisés à retourner dans leurs fermes. Après le début de l'opération pour la libération d'Idlib, la ville de Qalaat al-Madiq, près d'Al-Suqaylabiyah, serait pillée par les forces gouvernementales, comme toutes les autres localités de la région. Le général des forces armées russes qui avait menacé de bombarder le barrage routier est rentré en Russie et porte sur sa poitrine une étoile de héros, pour services rendus aux peuples syrien et russe.

Le commandant adjoint n'a probablement même pas essayé d'user de son autorité pour résoudre un problème dont, de toute façon, il ne se souciait guère. Le succès d'une opération militaire et la perspective d'une promotion professionnelle comptent davantage pour un militaire russe que la sécurité des biens des commerçants et des industriels. Le général a besoin de victoires, quel qu'en soit le prix. L'armée syrienne a besoin d'une motivation : le butin. Aujourd'hui, le drapeau national de la République arabe syrienne qui flotte sur les bâtiments des villes libérées est le principal indicateur de l'efficacité du général russe. On le félicitera, mais sans jamais lui demander de comptes sur ce qu'il a laissé derrière lui, dont d'autres endosseront la responsabilité.

Deux mois plus tard, quand je partirai en permission, je verrai, aux douanes de l'aéroport de Hmeimim, une file de boîtes, paquets et sacs de toile, de trente mètres de long : les bagages d'un général en partance, les offrandes de nos amis syriens au représentant du commandement russe. Avec de tels profits provenant du pillage des villes « libérées », aucun de nos généraux ne voudra se disputer avec le donateur.

La propagande en action

Les réveils étaient toujours pénibles. Le revêtement en pierre du petit bâtiment de l'hôpital, chauffé par le soleil toute la journée, dégageait une forte chaleur à la tombée de la nuit. Ma chambre, privée d'air conditionné, se transformait en un four à l'atmosphère étouffante. La fraîcheur de la nuit était trop brève pour le refroidir.

Un matin, après quelques heures trop brèves de sommeil, je suis sorti sous le porche pour tomber nez à nez avec un officier syrien qui accompagnait un groupe d'hommes en uniformes russes. Il s'est posté devant moi, mais je n'ai ni reculé ni esquissé un pas de côté. J'ai regardé par-dessus sa tête l'homme en uniforme russe et demandé :

« Plaît-il ? C'est à quel sujet ? »

Le Russe a fixé avec étonnement l'homme en short qui avait bloqué le passage au commandant syrien, lui rappelant sans cérémonie qui était le maître des lieux. L'officier était le chef du groupe de propagande des forces armées russes. Les combattants du front idéologique avaient trouvé un endroit où tourner un « petit sujet » où joueraient des enfants et des femmes, qu'ils avaient amenés avec eux. En me voyant, le soldat syrien a rapidement battu en retraite, son autorité s'arrêtait là.

Parmi les Russes, j'ai repéré un colonel, un officier supérieur du groupe consultatif du cinquième corps de volontaires, que j'avais rencontré au quartier général de la direction. Après l'avoir salué de la main, j'ai demandé à l'interprète de service d'escorter les propagandistes jusqu'au hall d'entrée du rez-de-chaussée, signifiant ainsi que je mettais les lieux à leur disposition pour le tournage.

Pendant que nous prenions le café et faisions connaissance, j'ai remarqué, un peu à l'écart, des hommes armés, vêtus d'uniformes du contingent russe. Ils portaient des gilets pare-balles et des casques, étaient armés de mitraillettes, mais n'avaient pas du tout l'air de combattants. Tout cet attirail paraissait superflu. Ces soldats n'étaient manifestement pas habitués à ce type d'équipement qu'ils manipulaient avec maladresse.

Ils fumaient nerveusement dans un coin, visiblement très mal à l'aise. Le colonel m'a expliqué que tout ce petit monde faisait partie de l'équipe de propagande. J'ai invité sous le porche ces préposés au renforcement moral des troupes et à l'ennoblissement de l'image du soldat russe aux yeux de la communauté mondiale, pour les rassurer et les encourager.

Personne n'a manifesté le désir de faire un tour de l'hôpital pour s'imprégner de l'atmosphère des combats, rencontrer les patients et le personnel soignant. La proximité du front, à trois kilomètres de là, les rendait tous plutôt fébriles.

Le tournage a duré deux heures. Les enfants, négligemment enveloppés dans des bandages, ont été placés sur des lits. Sur ordre du chef opérateur, les femmes, imitant effroi et angoisse, couraient dans le couloir ou se feignaient éplorées, simulant le deuil, debout à la tête des lits.

Nous observions cette mise en scène pitoyable avec mon collègue, le plus jeune médecin de l'hôpital, un Syrien qui avait fait ses études en Russie.

Il a haussé les épaules :

« Ça sonne complètement faux. Qui peut croire à tout ça ? »

L'équipe de propagande a enfin plié bagages, et le convoi dûment escorté a repris la route en direction de la mer. Bientôt de nouvelles médailles seraient distribuées au sein de l'armée. J'imaginais la présentation lors de la remise des décorations nationales : « Exposés à un danger mortel, sous le feu de l'ennemi, nos braves reporters ont filmé littéralement sous le nez de l'ennemi, déjouant ainsi ses plans d'attaque des troupes gouvernementales. » La probabilité d'une telle falsification était tout à fait réelle, j'ai ainsi souvent vu dans nos médias des récits totalement fantasmés sur les exploits des soldats russes lors de la guerre en Syrie.

Le foot pendant la guerre

Un grand événement était prévu à Al-Suqaylabiyah ce soir-là – la retransmission du match de foot entre le Real Madrid et le FC Barcelone. Les habitants se réunissaient toujours dans la rue principale pour regarder ensemble ces rencontres. Quand deux clubs de renom s'affrontaient, la ville se divisait en deux camps de supporters, dans une ambiance festive.

La fan zone était installée dans la rue principale, surnommée « allée des fiancées », qui, en saison estivale, servait surtout de lieu de promenade à de petits essaims de jeunes filles, sous les regards timides de leurs admirateurs, installés aux terrasses des nombreux cafés. C'était le seul endroit où ces deux groupes pouvaient presque se côtoyer, les coutumes locales ne tolérant pas les rencontres entre garçons et filles dans ce genre de commerces.

En fin d'après-midi, les préparatifs commençaient, dans l'excitation générale. Pendant qu'affluaient les habitants des villages et hameaux voisins, des écrans étaient accrochés aux murs des restaurants et des cafés, et des tables alignées de telle sorte que chaque spectateur, où qu'il soit, puisse profiter du spectacle. Les barbecues fumaient, et les réfrigérateurs étaient remplis de bière et d'arak.

Dans les communes chrétiennes, hommes, femmes et enfants avaient le droit de participer ensemble aux festivités, sans distinction de sexe ou autres restrictions. Pendant le match, les spectateurs buvaient, mangeaient, commentaient et discutaient bruyamment, rugissant de plaisir ou de désespoir. Dans des accès de rage, on voyait des chaises voler, des jets de boisson et de nourriture.

Mon interprète Ahed n'étant pas un supporter invétéré, nous avons passé le match à nous taquiner, compatir, faire des blagues et reprendre des slogans, dans une atmosphère plus calme, à la meilleure table du café de notre comptable. Ahed a quand même failli se battre avec son propre frère, le propriétaire d'un magasin de sport. Mais tout s'est achevé pour le mieux dans la joie et la bonne humeur.

À chaque but, j'ai assisté à des éruptions de joie émouvantes et à des querelles bruyantes totalement incroyables. Le lendemain matin, une moitié de la ville détesterait l'autre. Bien sûr, cet état particulier de tension ou de joie ne devait pas être pris au trop sérieux, mais pendant environ une semaine, les fâcheries et les manifestations de joie seraient monnaie courante.

Quel peuple ! En pleine guerre, alors que des gens mouraient tous les jours, eux se chamaillaient pour du foot. Ce qui prouvait une fois de plus, s'il le fallait, leur résilience.

La culture et la raison

Debout sur la terrasse supérieure de la tour principale de la forteresse du krak des Chevaliers, hypnotisé par le paysage montagneux en contrebas, je scrutais l'espace couvert de brume en retenant mon souffle.

Sur le chemin du centre de formation, Ahed m'avait proposé de faire un détour par l'un des sites les plus extraordinaires de Syrie. Le village au pied de la forteresse était vide, ses habitants avaient fui lorsque avaient commencé les combats contre les rebelles qui s'étaient emparés de la localité, en 2017.

L'ancienne forteresse inspirait le respect par sa majesté et son indestructibilité face aux effets du temps. Des murs puissants, des galeries spacieuses et un large réseau de salles à usages divers... À en juger par les impacts de balles sur les façades, la citadelle avait retrouvé sa fonction première peu de temps auparavant. Un groupe de rebelles s'était réfugié un temps derrière ses murs épais, résistant au siège mené par les troupes de Bachar el-Assad.

Les voûtes et les murs dégageaient une puissante énergie, comme si les esprits des chevaliers hospitaliers et des mamelouks étaient toujours présents dans les vieilles pierres.

Je me suis tourné vers l'interprète.

– Écoute Ahed, qu'est-ce qui ne va pas chez vous ? Votre pays regorge d'un patrimoine historique extraordinaire. Les forts près de Deir ez-Zor datent d'avant l'Antiquité même ; le district de Maaloula est le vestige de la culture araméenne, on y parle encore la langue du Christ. Damas est un musée en plein air. Palmyre, je n'en parle même pas. À lui seul, votre héritage historique et archéologique pourrait vous permettre de vivre…

– Tu as raison, mais pour des raisons que j'ignore, nous sommes incapables d'en tirer profit. Tout comme nous sommes inaptes au combat, alors que nous sommes toujours impliqués dans une guerre ou une autre. Nous avons tout pour bien vivre, mais nous n'y parvenons pas. Nous nous considérons comme un peuple, mais nous passons notre temps à nous trahir les uns les autres. Les puissants ne se soucient pas du pays ni de sa population, ce qui les intéresse, c'est de s'en mettre plein les poches. Et nous ? Nous nous adaptons et apprenons à voler aussi.

– Ouais, ça me rappelle quelque chose. Mais chez nous, les hivers durent la moitié de l'année. Vous, vous pourriez gagner des milliards rien qu'avec le tourisme. Ajoutez à ça deux récoltes par an, sans parler du pétrole !

– L'hiver ne dure pas six mois partout en Russie. Et vous aussi vous avez un patrimoine historique et du pétrole, et pourtant ce n'est pas la grande forme non plus chez vous…

– Un partout ! C'est vrai que nous n'avons pas le droit de vous donner de leçons. On s'est pointés avec notre justice, et finalement, ça a plus servi les intérêts de ceux qui ont provoqué cette guerre…

Sur le chemin du retour, nous nous sommes arrêtés pour déjeuner dans un restaurant à Homs. Il ne restait presque plus aucun vestige antique dans cette cité dont l'histoire était si riche. Un tiers de la ville était en ruine, mais les rues principales grouillaient de monde.

En ouvrant la porte d'entrée de mon appartement, j'ai remarqué, sur le parking, un pick-up Toyota appartenant aux hommes du service de sécurité de la SMP. Kirovets, le chef de l'équipe de sécurité du contingent syrien des mercenaires, et un homme que je ne connaissais pas avaient demandé à me voir, comme ils me l'ont expliqué plus tard, pour mener une enquête.

Ce jour-là, le service de sécurité avait fait une descente parmi les mercenaires, dans le cadre d'une opération de surveillance des réseaux sociaux, interrogeant ceux dont les pages étaient actives alors qu'ils étaient en mission.

L'interdiction d'utiliser les réseaux sociaux avait été introduite un an plus tôt. Auparavant, l'interdiction touchait seulement la publication de photos liées au travail au sein de la SMP. Mais après la bataille de Khsham, tout moyen de communication via Internet avait été proscrit, pour empêcher que les mercenaires ne se posent trop de questions sur la réalité du monde qui les entoure, à son contact, même virtuel, via les réseaux sociaux. Il fallait par conséquent limiter leur champ de communication à la liste des abonnés au réseau téléphonique national. Les espions de Prigojine veillaient scrupuleusement à ce que les mercenaires n'entrent pas en contact avec des étrangers, risquant ainsi – Dieu les en préserve ! –, d'entendre des propos scandaleux et de découvrir que ni les Américains ni les Européens ne veulent attaquer et conquérir la Russie. Prigojine n'a pas besoin d'hommes qui pensent librement, unis dans une entreprise viable et compétitive, soutenus par une motivation financière. Il a besoin de sectaires à la pensée sous-développée et aux perspectives limitées, prêts à suivre la voie indiquée pour de l'argent et à s'exécuter sans broncher.

Les agents ont interrogé tour à tour tous ceux qui avaient violé les instructions, omettant d'effacer leurs profils sur les réseaux sociaux ou continuant de se connecter à Internet.

Je suis devenu le témoin involontaire de ce que le service de sécurité appelait une « enquête ». Le binôme de Kirovets, un grand gaillard au visage de garçon de taverne, interrogeait les soldats de la SMP, sur le ton condescendant et rude du flic qui passerait au grill de petits malfrats, multipliant les expressions comme « Qu'est-ce que tu me chies ? » ou « C'est écrit sur ta gueule ».

Les suspects marmonnaient des « Je ne sais pas comment cela a pu arriver ». N'ayant de toute évidence aucun désir de se disputer avec le personnel de sécurité, ils n'osaient pas se montrer impolis en retour. Des hommes qui, hier encore, se battaient à Akherbat et Deir ez-Zor, risquaient leur vie en affrontant l'ennemi à bout portant, étaient traités comme des serfs surpris à voler le foin du seigneur, humiliés et insultés.

L'interrogatoire n'était qu'une formalité, et ceux qui avaient été identifiés seraient de toute façon licenciés. Mais quelques minutes après l'annonce de ce verdict, « Koldoun » (le magicien), le chef d'état-major de l'escouade de mercenaires, est entré d'un pas assuré, pour protester et défendre ses combattants.

« Ce sont de bons soldats. Vous allez les licencier, et à leur place, on m'enverra des bleus. »

Koldoun était le seul à oser tenir tête aux agents du service de sécurité. Bien qu'un peu penauds, ils sont restés intraitables. Selon moi, le seul rôle de ces tire-au-flanc grassement rémunérés était de créer et entretenir une atmosphère de peur dans les rangs des mercenaires. User de la peur pour motiver est plus simple que de chercher des approches réfléchies, plus exigeantes en temps et surtout en intelligence, ce dont ils étaient dépourvus, tout comme les supérieurs qui fixaient leurs lignes de conduite. Prétextant une réunion de première importance, j'ai demandé qu'ils mettent fin à leurs interrogatoires et leur ai montré la porte.

Le centre de communication servait de salle de débriefing et de formation à la fois. En réalité, les réunions du soir servaient plus à sociabiliser qu'à travailler. Quand chacun sait ce qu'il a à faire et que le système est au point, les problèmes mineurs se résolvent d'eux-mêmes.

J'ai partagé mes impressions et pensées du jour avec le commandant de bataillon qui, plus tôt, n'avait pas osé défendre ses hommes face aux agents de sécurité.

– Ce pays est étonnant. Il y a suffisamment de monuments et de vieilles pierres pour faire vivre tout le monde du seul tourisme. Les voyageurs viendraient en masse, les Syriens gagneraient des milliards. Ils pourraient améliorer leur vie et tout le monde en profiterait.

– Mais ça nous apporterait quoi à nous ?

– Tout le monde en profiterait ! Si le pays vit bien, s'il n'y a pas de guerre, si les gens ne meurent pas, on pourrait venir ici et profiter de toute cette beauté, se détendre…

– Encore faut-il pouvoir se les payer, ces vacances. Pour nous, la guerre, c'est du boulot. Tant qu'il y a une guerre ici, nous, on se fait du blé. Quand la guerre sera finie, ils arrêteront de nous payer. J'en ai rien à foutre de toutes ces beautés. Et avec mon salaire, je serai très bien en Crimée.

– Tu trouveras rien de tout ça en Crimée. C'est ici que la civilisation a commencé. Pour ce qui est de la guerre, la seule raison de la faire, c'est de l'arrêter, pour que la paix puisse s'installer. Pour moi, c'est cela mon destin.

Je m'ennuyais à discuter avec cet homme pour qui les monuments antiques n'étaient que de vieilles ruines et dont le monde se confinait à sa petite province.

– Tu sais quoi ? Tu t'es trompé de métier, frérot, a conclu mon interlocuteur. La guerre, c'est notre gagne-pain.

Je m'étais surtout trompé au sujet de cet homme en face de moi. Un matin où je l'avais croisé près des douches, j'avais aperçu une croix orthodoxe à son cou. Dans ma tête, la morale chrétienne aurait dû lui dicter un certain rapport à la vie.

Mais une fois de plus, j'avais sous mes yeux la preuve que mes camarades de combat avaient depuis longtemps perdu la capacité de voir la discordance entre leur attitude et ce qu'ils appelaient droiture.

Mon interlocuteur ne présentait aucun talent particulier, son niveau professionnel était très discutable, il était bourré de contradictions, ce qui ne semblait pas le perturber plus que ça. En réalité, je ne me souciais guère de sa façon d'appréhender le monde, mais je réalisais brutalement que je me trouvais dans une situation identique, même si j'essayais de vivre selon des règles et des concepts différents.

En rentrant au QG, je me suis plaint à Ahmed.

– Tu te rends compte ? Je viens de m'entendre dire que je n'ai pas choisi le bon métier… Et ça, de la part d'un mec infoutu de mener ses hommes au combat.

– J'ai parfois la même impression. Ton prédécesseur, le Touriste, il avait l'air à sa place, oui. Il semblait s'amuser, il ne se prenait jamais la tête, c'était facile pour lui, et je suis sûr que jamais personne ne s'est permis de lui parler comme ça. Il ne se demandait pas pourquoi il y avait la guerre, il n'essayait pas d'éduquer les soldats, il leur donnait des instructions, le reste, il s'en foutait. Pour être honnête, moi aussi j'étais peinard. Si tu ne m'avais pas forcé à m'y intéresser, je ne saurais même pas quels genres d'armes nous avons et où elles sont stockées. J'aurais continué à faire ma comptabilité et j'aurais eu la paix.

Ahed a continué à plaisanter sur les difficultés de la vie causées par le nouveau conseiller, c'est-à-dire moi. Puis, désignant le chef du service des armes du bataillon, il a poursuivi, toujours sur le ton de la blague :

– Regarde Ali, il aurait été tranquille lui aussi, sans jamais apprendre à remplir la paperasse. Il n'avait qu'à ouvrir et refermer le conteneur d'armes. Aujourd'hui, il a vexé des instructeurs en refusant de leur procurer un gros lance-grenades sans ton autorisation, à cause de la règle que tu as instaurée. Ils sont restés bêtes face à tant d'impudence.

Ali avait eu raison, et j'en étais fier. Les instructeurs se comportaient comme s'ils étaient chez eux. Habitués à l'indifférence totale de mon prédécesseur quant à la façon dont les armes étaient délivrées, les instructeurs se permettaient d'entrer dans notre QG, de prendre les clés, de se servir dans le dépôt, sans même demander la permission, et finalement d'oublier de rendre ce qu'ils avaient emprunté pour leurs entraînements. Mais les armes étaient sous ma responsabilité et celle d'Ahed, aussi j'ai strictement interdit qu'elles soient remises à quiconque sans notre autorisation, ce qui était normal.

Les bons à rien

Au moment où j'ai décidé de prendre mes premières vacances, le Pionnier avait été nommé, à mon immense surprise, commandant de l'ensemble du groupe de mercenaires en Syrie. J'avais rencontré ce personnage en 2017, alors que les mercenaires récupéraient les champs de pétrole ; lui ne mettait pas un pied hors du QG, où il occupait la fonction de chef adjoint d'état-major.

Le Pionnier n'avait jamais appartenu à une unité de combat active. Dès son entrée dans les rangs de la SMP, il avait été affecté au quartier général, ce qui avait contribué à l'avancement rapide de sa carrière. Rompu aux intrigues politiques au sein de l'état-major, il était passé de simple commis à un haut poste de commandement, notamment pendant l'opération de nettoyage de la Ghouta.

Le Pionnier a reçu ma requête de congé comme s'il venait d'apprendre qu'une météorite était tombée sur notre base. Il lui a fallu un moment pour comprendre de quoi je parlais. Les gens comme le Pionnier sont comme des balles dans les mains d'un jongleur, incapables de se donner eux-mêmes un élan et une trajectoire, ils peinent à imaginer que quiconque puisse se permettre de telles libertés. Il n'était qu'un employé obéissant, une créature sans tripes et sans talent, qui ne pouvait espérer des vacances que si un bienfaiteur daignait se souvenir de son droit au repos. Ma sortie l'avait frappé comme le comble de l'insolence.

Notre conversation a été brève, je n'avais aucun respect pour lui, et lui était plein d'aversion pour moi. Lui, un officier d'état-major infiltré sans mérite dans le corps de commandement ; moi, un conseiller du bataillon syrien, passé de simple soldat à commandant d'une unité de combat. Une fois de plus, j'étais déçu des choix de Wagner quant à la promotion de candidats aux postes de direction de la SMP.

Le Pionnier ne savait même pas qu'Ahed, le commandant du bataillon syrien, parlait couramment le russe. Il connaissait mal la situation opérationnelle dans son pays d'intervention, ignorait où exactement et à quelle distance des positions des groupes armés rebelles se trouvait Al-Suqaylabiya. En fait, au bout d'un an et demi parmi les mercenaires, il ne savait presque rien de ce que supposaient ses fonctions.

Avant de me donner son aval, il devait contacter l'état-major en Russie, sur la base de Molkino, pour qu'ils envoient un intérimaire.

Deux jours après notre entrevue, il m'a téléphoné, dissimulant à peine les petites notes revanchardes dans sa voix.

– J'ai visité un poste de garde de champ pétrolifère aujourd'hui et j'ai découvert que les combattants ne reçoivent pas les indemnités qui leurs sont dues. Qu'est-ce qui se passe ? Où est l'argent que vous recevez pour les primes ?

– Les primes ont été supprimées il y a deux mois, sur instruction du siège.

Je répondais calmement, bien qu'étonné par l'accès de témérité qui avait poussé le commandant à quitter la sécurité de son bureau pour se risquer sur le terrain.

– Et pourquoi les gens ne sont pas au courant et se plaignent ? a demandé le Pionnier avec beaucoup moins d'assurance.

– Tout le monde sait tout. Ils sont comme ça. Ils ont vu arriver un chef et ont décidé de te prendre par les sentiments, ils tentent leur chance. Ils pensent peut-être que je les trompe. Mais si tu as le moindre doute, appelle le siège.

Ce qu'il n'allait évidemment pas faire. Les experts-comptables savaient qui j'étais parce que j'avais travaillé dans les bureaux de Saint-Pétersbourg, mais le Pionnier n'était pour eux qu'un nom parmi les « chasseurs d'assaut » du grand patron.

Mon remplaçant a fini par arriver. C'était un solide gaillard, à l'air un peu maussade, un mercenaire vétéran, ironiquement surnommé « Vessioly » (le joyeux). Il n'avait jamais occupé de poste de commandement ni eu affaire à l'état-major des mercenaires, mais il était de bonne composition. Pendant une semaine, nous avons circulé entre Al-Suqaylabiya et Deir ez-Zor. Je devais lui montrer et expliquer l'étendue de ses fonctions, et m'assurer qu'il avait tout compris. La dernière étape de cette tournée était la base de Hmeimim, pour les présentations de mon remplaçant au commandement des mercenaires russes.

Le lendemain, j'ai remis avec une solennité exagérée et un sourire narquois mon rapport de congé au Pionnier, me retenant de justesse de me moquer de ses tentatives pathétiques de s'affirmer à mes dépens. Malheureusement, il n'était pas le premier ni l'unique commandant de brigades qui ne me semblait pas à sa place.

Une fois, par exemple, j'avais été convoqué au QG de l'usine de Hayyan par le chef du renseignement, qui répondait au surnom un peu étrange de Bonya. Il m'avait transmis d'une voix monotone les nouveaux ordres de Wagner : je devais déployer un réseau d'informateurs pour contrer les sabotages des survivants de l'EI, et éventuellement des Kurdes.

– Un tel souhait sera très difficile à exaucer, avais-je répondu.

– Pourquoi ? avait demandé Bonya, décontenancé. Tu as des Syriens dans ton bataillon, utilise-les. Ils sauront trouver un terrain d'entente avec les locaux.

– J'ai des chrétiens, des alouites, des chiites dans mon bataillon. Deir ez-Zor est le domaine des tribus sunnites.

– Et alors, c'est quoi la différence ?

Cet ignare ne voyait même pas le problème.

– La différence est importante pour eux. Comme pour les catholiques et les huguenots jadis. Ça n'a l'air de rien, mais c'est un motif suffisant d'animosité.

Le chef du renseignement était devenu pensif. Il avait décroché son téléphone.

– Oui, c'est moi. Nous avons discuté de la situation ici et il y a un pépin. Le bataillon des Chasseurs est composé de chrétiens et d'alaouites, mais ils sont tous sunnites sur l'Euphrate. Ça ne va pas marcher, nos gens vont se faire repérer rapidement.

Il avait l'air très content de lui, fier d'exposer au commandement sa subite érudition, qui n'avait d'ailleurs servi à rien. En effet, en raccrochant, il m'avait annoncé que j'avais deux mois pour m'organiser.

Alors que je remplissais cette mission pour Wagner, j'avais de nouveau croisé Dniepr, qui était passé de chef d'état-major à commandant des mercenaires dans la région. Coresponsable de la mort d'une centaine de Russes lors de la bataille pour l'usine de Conoco, il avait donc été promu. Ce qu'il avait accepté comme un dû, sans le moindre remords. Générateur infatigable de traits d'esprit absurdes, Dniepr m'avait accompagné sur tous les sites que nous aurions à garder. Les oisifs de son genre exécutent souvent ce type d'ordres avec un plaisir et un zèle particuliers pour échapper à la routine de leurs fonctions.

Nous avions erré presque toute la journée sur des chemins inconnus. Dniepr connaissait les itinéraires les plus sûrs vers les installations de sécurité, mais il avait décidé ce jour-là de prendre des chemins de traverse. Tombant sur des routes visiblement minées, comme l'était encore toute la zone autour de Deir ez-Zor, nous avons dû faire demi-tour à plusieurs reprises.

Je n'ai jamais vraiment compris quels étaient les critères de sélection de Wagner pour les postes de commandement dans la SMP, seulement qu'il construisait une hiérarchie avec des hommes obéissants et loyaux plutôt que sains d'esprit et expérimentés.

Avant de m'envoler vers la Russie pour un repos mérité, j'avais une dernière obligation à remplir. Mais celle-là était agréable. Mon ami le « Docteur », un vétérinaire d'Al-Suqaylabiya avec lequel je m'étais lié d'amitié, m'avait convié à dîner. Il vivait dans une maison en bas d'une ruelle pavée tranquille dans les dédales de la ville. La table, dressée dans une petite cour intérieure accueillante, croulait sous les assiettes de mezze entourant un grand plat de poulet frit et de riz. Le Docteur occupait l'étage inférieur de la maison avec son épouse, professeure d'anglais, et leurs deux enfants adolescents. Dans les autres étages vivaient ses frères et ses cousins avec leurs familles. La conversation a été joyeuse. Le sourire aux lèvres, le Docteur m'a raconté qu'ayant perdu les locaux de sa clinique vétérinaire au début de la guerre, il opérait les vaches sur le pas de sa porte, à même les pavés de la rue. Enivré par la vodka que j'avais apportée et l'atmosphère chaleureuse, je me suis aussi livré à une séance de souvenirs de campagne. C'était une bonne façon de dire au revoir à la Syrie le temps d'une pause.

Le lendemain, j'étais dans la queue pour l'inspection douanière, obligatoire pour nous tous. La police militaire russe et un officier des gardes-frontières syriens inspectaient le contenu des sacs et des valises sur un moniteur, à la recherche d'objets interdits : tout support électronique, smartphone, appareil photo, ou encore pièces de monnaie frappées par l'EI. Cette préoccupation sécuritaire n'avait pas beaucoup de sens, dans la mesure où Internet fonctionnait bien partout dans le pays et que toute la population était équipée de smartphones. Ce qui devait être enregistré et envoyé à l'extérieur pouvait l'être sans difficultés. Ces contrôles ne servaient qu'à coincer quelque malheureux soldat, espérant contourner en douce l'interdiction de posséder un téléphone sur le terrain, et lui faire passer un mauvais quart d'heure. Quant à moi, j'avais confié mon téléphone à un collègue le temps de passer les contrôles, et l'ai récupéré de l'autre côté. Les règles absurdes sont faites pour être enfreintes.

Permission et épiphanie

Pendant mon congé, deux événements apparemment banals m'ont incité à repenser mon épopée de quatre ans parmi les mercenaires avec un impact décisif sur mon avenir.

Nous avions acheté avec Natacha un appartement dans la ville de Krasnogorsk, près de Moscou. Le projet du complexe résidentiel avait été suspendu en 2017 en raison de la faillite de l'entreprise de construction. Le promoteur n'avait pas rempli toutes ses obligations financières envers les actionnaires, mais avait réussi à nous imposer une société de services qui, en plus de mal travailler, avait surfacturé ses prestations. La Russie est un paradis pour promoteurs immobiliers sans scrupules. La combine est bien rôdée : ils collectent les investissements des futurs propriétaires et les dépensent en yachts et villas en Europe. S'ils ne parviennent pas ensuite à obtenir de l'État des subventions à taux zéro pour achever leur chantier, ils se déclarent en faillite et fuient à l'étranger, après avoir transféré leur pactole dans des paradis fiscaux. Si personne ne va les chercher pour réclamer son dû, ils reviennent en Russie et recommencent. Pour avoir la paix, ils graissent la patte des autorités.

Une cellule élue par les résidents avait lancé une campagne pour remplacer l'entreprise d'entretien, mais l'administration municipale a obstinément refusé de leur reconnaître le droit de choisir. Il a été décidé d'organiser une réunion et d'y inviter les médias, afin de faire une déclaration publique sur ce scandale.

La cour intérieure s'est remplie. Une fine couche de givre crissait sous les pieds, mais la température était suffisante pour rester dehors, à l'air frais. Des journalistes s'étaient effectivement déplacés pour couvrir cette manifestation improvisée. Quant à moi, j'étais venu en observateur.

Mon attention a été attirée par un gars que je connaissais bien, le propriétaire d'un atelier de réparation automobile, qui s'est exprimé devant les caméras. Déroulant un argumentaire visiblement bien préparé, il a parlé d'une voix assurée, de façon claire, de toutes les difficultés que les copropriétaires rencontraient dans leurs tentatives de se débarrasser des services d'une société de gestion qui ne faisait pas son travail.

J'étais stupéfait. Quand trouvait-il le temps de faire tourner son entreprise et de se préoccuper des problèmes collectifs ?

Cet événement ordinaire, une confrontation banale entre une communauté de particuliers et une bureaucratie égoïste, m'a fait réfléchir. Et moi, quel rôle je jouais dans la lutte collective pour un avenir meilleur ? Qu'avais-je fait pour tous ceux qui, par leur travail, contribuaient à maintenir le potentiel économique du pays et à résoudre les problèmes, y compris les miens ? Nous avions payé un très lourd tribut, mais avions-nous pour autant vaincu l'EI ? Les champs de pétrole avaient été libérés, mais le niveau de vie en Syrie avait chuté. Qui avait bénéficié de nos efforts et de nos sacrifices ? Certainement pas les Russes, ni même le peuple syrien. Nous avions contribué à étouffer l'opposition et aidé des bons à rien à prendre le dessus sur les plus entreprenants, les forces vives d'un peuple. Quel était le sens de tout cela ?

Brutalement, la vie des mercenaires m'a semblé régie par des gens aux aspirations desquels je ne pouvais adhérer.

Les généraux se moquent éperdument d'aider les civils syriens. Mon compatriote, Zhitkov, un gradé, un homme d'autorité, n'a pas même essayé de tenir une promesse qu'il avait lancée avec morgue. Et cela sans se soucier des conséquences. Mes amis arabes savent désormais que les généraux russes ne sont pas différents de leurs homologues syriens, et cela me fout le moral à zéro. J'essaie, en vain, de faire mon travail consciencieusement, car tous mes efforts sont dévalorisés par mes supérieurs, qui tournent tout à la farce ; je suis fatigué des controverses sans fin avec des gens qui préfèrent recourir à des formules toutes faites plutôt que de penser par eux-mêmes.

Je ne fais pas de gros profits là-bas, je reçois juste une compensation pour perdre mon temps et dilapider mes efforts. Pour qu'ici, en Russie, les sociétés de gestion et les promoteurs véreux me volent cet argent.

En Syrie, m'attendent des Pionnier et des Bonya, et je vais devoir de nouveau m'échiner à transformer la merde en or. Tout ça pour replonger ici dans l'abîme des problèmes non résolus chaque fois que je rapporterai ma paye durement gagnée là-bas.

J'avais constaté que mes histoires sur la guerre en Syrie étaient souvent accueillies avec une sympathie feinte, que mon entourage m'écoutait par simple politesse. Les gens ne me voyaient que comme un mercenaire, essayant de faire passer son intérêt personnel pour un service rendu à la patrie. Un loser qui avait réussi à trouver un moyen de gagner de l'argent en risquant sa vie pour quelque chose qui n'avait rien à voir avec les réels besoins des Russes, voilà ce que j'étais à leurs yeux.

Si j'avais fait une telle découverte deux ans plus tôt, j'aurais été offensé, j'aurais accusé tout le monde de myopie, d'incapacité à percevoir les menaces venant du monde extérieur. Mais en 2018, j'avais changé, je n'étais plus le romantique d'autrefois, bourré de complexes, qui avait essayé de se baigner deux fois dans la même rivière.

En Russie, le mercenaire doit être prêt à mourir sans que personne n'ait jamais à porter la responsabilité des ordres mal conçus ou criminels. Je n'étais plus disposé à suivre ces règles. J'avais rejoint de mon plein gré les rangs de l'armée privée et accepté de faire le sale boulot, mais pas au mépris de mon droit à rester en vie.

Le système de répartition des droits et devoirs entre les mercenaires, commode pour les crapules irresponsables, se banalise. Mes collègues deviennent une masse obéissante, privée du droit d'avoir ses propres opinions, sous les ordres d'hommes sans talent qui, par ignorance ou indifférence, sabotent leur travail.

Quel putain d'intérêt national défendons-nous ? En quoi la mort inutile d'une centaine de soldats dans les champs gaziers de Conoco contribue-t-elle à la prospérité du pays ? Quatre fois plus ont été tués pour que des négociants syriens puissent profiter du pétrole et que Bachar et ses sbires corrompus – ceux qui ont provoqué la guerre civile – restent au pouvoir. Je ne voyais plus l'intérêt de participer à cette mascarade.

La coupe a fini par déborder quand un de mes proches, venu à Moscou pour affaires, ayant rencontré Nikolaï Valouïev en se promenant dans le centre, m'a fièrement montré une photo de lui à côté de l'ancien boxeur devenu député au parlement d'État. Je regardais l'image, envahi par une sombre colère. Ce Valouïev était un homme inutile, une coquille vide, un charlatan qui n'avait jamais vraiment été boxeur et dont tous les succès n'étaient qu'une opération de com' réussie. Mais ce député de pacotille, qui ne sert à rien, est payé environ deux fois plus qu'un mercenaire qui se bat en première ligne pour défendre les intérêts de la patrie.

Avant de repartir en Syrie, à la fin de mon congé, j'ai été convoqué au siège, à

Saint-Pétersbourg. Prigojine voulait que je participe à une discussion sur un projet de film documentaire au sujet des activités de le SMP en Syrie, un genre d'enquête reportage où les mercenaires seraient présentés, dans le commentaire en voix off, comme des volontaires. Ce serait encore le Kiria que je connaissais bien, l'employé loyal et sans trop d'états d'âme de l'agence médiatique de Prigojine, qui réaliserait le film. Je devais en organiser le tournage. Le « reportage » ressemblerait plutôt à un long métrage de fiction avec un sous-texte mystérieux. Tous les personnages auraient à apprendre les dialogues écrits pour eux dans le scénario et seraient rémunérés pour leur participation à « une enquête objective sur l'implication éventuelle de volontaires russes dans la guerre ». J'emporterais dans mes bagages une grande icône dans un ornement coûteux, en cadeau pour le père Fadi, qui lui aussi devrait jouer son rôle.

Ma dernière mission au sein de la SMP a commencé par un petit rappel du mépris que l'État russe voue à l'individu. En atterrissant en Syrie, nous avons été escortés dans le hall d'inspection des bagages par la police militaire et des chiens. Je n'en croyais pas mes yeux. Des mercenaires russes, défenseurs de la patrie, devaient se déplacer sur le tarmac tels des prisonniers d'une colonie pénitentiaire de haute sécurité !

Ce désagréable accueil n'était que la première d'une série de déconvenues qui allaient émailler cette dernière mission, et me pousser vers la sortie. Dès le lendemain, sur la base des mercenaires, j'ai croisé des membres du service de sécurité de la SMP. Pendant notre conversation, mon téléphone personnel a sonné dans ma poche, téléphone dont l'utilisation était strictement interdite en mission, mais que j'avais réussi à faire passer en douce. Une aubaine pour ces membres de la sécurité de la SMP qui me sont tombés sur le poil. Cette unité est constituée d'une bande d'opportunistes qui se sont engagés là dans le but de gagner de l'argent, sans risquer leur vie. Pour prouver leur valeur et leur utilité, ils n'ont qu'un moyen : poser sur le bureau du supérieur hiérarchique un objet interdit confisqué à un employé, ou une lettre de dénonciation. Je les ai laissés me prendre mon téléphone, c'était leur devoir, mais j'ai tenté de négocier une solution à l'amiable, sans rapport officiel. En vain. Mes efforts ressemblaient à une supplication humiliante. Condamné à une amende avec blâme, je n'ai pas été suspendu.

L'essentiel du film a été tourné en une semaine et demie, entre Al-Suqaylabiyah et Deir ez-Zor, et c'est là que ma participation au projet s'est terminée. Je suis allé faire un compte-rendu à Wagner. J'ai écouté son monologue réprobateur à propos du malheureux téléphone et suis rentré au centre d'entraînement de mon bataillon pour reprendre, sans grand enthousiasme, mon travail.

Prigojine avait demandé un schéma des livraisons de pétrole à partir des champs de la rive orientale de l'Euphrate, ainsi qu'une liste détaillée des destinataires, des volumes et de ceux qui contrôlaient le trafic. De toute évidence, les capacités du renseignement extérieur de la Russie étaient insuffisantes pour comprendre où et comment le pétrole circulait. Moscou cherchait absolument à accuser les Américains de piller les ressources naturelles de l'État syrien, mais ne parvenait pas à rassembler de preuves. Comme on pouvait s'y attendre, l'exécution de cette mission m'a été confiée, car ni le chef du renseignement Bonya ni Kirovets du service de sécurité n'en auraient été capables, ce que Wagner savait parfaitement. Je suis donc allé rendre visite à l'une de mes sources, à Damas, mon consultant principal sur l'économie corrompue de la Syrie, un vieil ami qui naviguait comme un vieux crocodile dans le marigot de l'industrie pétrolière syrienne et avait de nombreuses relations dans ce domaine.

Quand je suis retourné au centre d'entraînement pour rassembler mes Chasseurs en vue d'aller renforcer les positions russes dans la direction d'Idlib, je me suis retrouvé au milieu d'une séquence qui m'a définitivement ancré dans ma décision de quitter Wagner.

Mes vieux copains de la sécurité, Kirovets et Schmidt, soupçonnant mon coéquipier Vessioly de posséder un téléphone, avaient décidé d'organiser une petite perquisition dans nos quartiers. En rentrant, j'ai trouvé Vessioly assis sur son lit, défait, tête baissée comme un gamin pris en flagrant délit, et notre appartement sens dessus dessous. Y compris – et c'est ce qui m'a mis immédiatement hors de moi – mes effets personnels. Les « enquêteurs » m'ont expliqué, sans l'once d'un regret, que la présence de Vessioly permettait une fouille de mes affaires en mon absence.

Je n'avais plus rien à leur dire. Ni rien à faire ici.

Je m'en vais !

J'ai envoyé mon rapport de démission sans attendre que les « enquêteurs » aient quitté le centre d'entraînement. Mon initiative a provoqué des remous au quartier général, mais je suis resté ferme sur ma position. La chefferie a essayé de me persuader de terminer le déploiement de l'unité des Chasseurs dans la banlieue d'Al-Skelbiya, mais j'étais déterminé à tout arrêter sur le champ, par principe.

Pour mettre un gros point final, j'ai complètement abandonné mes fonctions et, sans me cacher des mouchards, j'ai invité des amis à une petite fête dans mon appartement. Ils ont bu du thé, et moi de la vodka. J'ai poursuivi la beuverie en compagnie d'un de mes amis syriens, et pour finaliser mon sabordage, j'ai quitté sans autorisation l'enceinte du centre de formation pour aller à Damas.

Cette dernière escapade la nuit sur les routes d'un pays en guerre était un peu exagérée, je le reconnais. Le passage d'un mercenaire russe armé et en état d'ébriété aurait pu provoquer de sérieux problèmes aux checkpoints. Mais à ce stade, je ne pensais plus aux conséquences, j'avais simplement décidé que le pire était le meilleur. Grâce à Dieu, j'ai atteint sans incident la maison de mon ami damascène. L'appartement spacieux semblait exigu tant il était encombré de meubles massifs en bois sculpté. La table était couverte d'assiettes de fruits, de salaisons et de grillades. Mon hôte m'a tenu compagnie pendant le repas, tentant de me raisonner. J'ai déversé mon âme sur lui.

Le lendemain matin, quand j'ai rouvert les yeux, j'étais couché sur le canapé. L'ivresse remplacée par la gueule de bois. Regrets et remords me serraient la gorge. Je devais réparer au plus vite mon imprudence. Les pensées se bousculaient dans ma tête encore lourde, me retournant les tripes. J'avais craqué, j'avais dépassé les bornes, j'avais peut-être eu tort et fait preuve de faiblesse. J'aurais dû me retenir.

Wagner ne pardonnerait pas mon insolence. En rentrant au centre d'entraînement, avant d'être soumis à un entretien avec le chef, j'ai remis à Ahed les clés de la voiture et déposé mon arme dans le dépôt du bataillon. Je commençais à me laver le visage et à raser ma barbe de trois jours quand Kirovets et Schmidt, les deux agents du service de sécurité, ont fait irruption dans la pièce. Ils allaient m'escorter chez Wagner.

Sur le chemin vers le QG, dans la voiture, une pensée s'est insinuée dans mon esprit : et s'ils essayaient de m'exécuter ? Au cas où, subrepticement, j'ai sorti mon couteau de ma poche et l'ai caché dans la paume de ma main. Installé sur le siège arrière, avachi contre la portière, feignant de souffrir de ma gueule de bois, j'ai surveillé mes convoyeurs, prêt à porter le premier coup s'il le fallait.

Puis je me suis détendu. Ils avaient plus besoin de moi vivant que mort. Tout d'abord, mes contacts en Syrie étaient trop précieux. En se débarrassant de moi, ils risquaient de se couper de mes sources d'information. Personne au quartier général de la brigade ou aux services de sécurité n'aurait pu contacter ces personnes sans mon intervention. Deuxièmement, j'avais été libre, hors du camp de base et en contact avec le monde extérieur pendant 24 heures, ce qui aurait pu me permettre d'alerter ma famille et mes amis.

Au début de l'audience dans le bureau de Wagner, j'ai ressenti une profonde culpabilité. Mortifié et embarrassé, j'ai écouté les réprimandes de cet homme qui avait autrefois cru en moi. Mais mes remords n'ont pas duré longtemps. Après avoir mentionné les détails de la fouille, Wagner m'a clairement signifié qu'il ne voyait rien de répréhensible dans la manière d'agir des agents de sécurité.

Mon admiration, que cet homme avait autrefois méritée, s'est transformée en dégoût lorsque j'ai compris son mépris pour la dignité humaine. La fraternité de combat qui nous avait unis un jour était morte, remplacée par le même arbitraire qui régnait dans l'armée régulière.

Au début, au sein de la SMP, plongé dans un état d'euphorie pour avoir repris le métier de soldat, je n'avais pas remarqué que je m'étais progressivement retrouvé dans un monde de fausses valeurs et de perceptions d'un autre temps, les mêmes qui m'avaient plus jeune plongé dans une profonde dépression.

Mon remplaçant au poste de conseiller des Chasseurs de l'EI a été rapidement trouvé. Car Vessioly, après son incartade, déclaré non fiable et puni d'une lourde amende, n'était plus autorisé à commander le bataillon.

Quant à moi, je ne peux pas consacrer ma vie à quelque chose qui n'a pas de sens. En réalité, le mercenariat n'a qu'une seule fonction et qu'un seul but : faire de l'argent. Sans place pour des idéaux ou des convictions. Ne valait-il pas mieux essayer à nouveau d'apprendre à gagner sa vie d'une autre manière ? Nous, les mercenaires, sommes réduits à l'état d'esclaves, à la merci de salauds comme Schmidt. Nous devons nous transformer en petits soldats de plomb, obéissants. Qui donc nous commande ? Des supérieurs qui nous épuisent avec des ordres absurdes. Le Pionnier s'est avéré n'être qu'un incapable, et Dniepr un clown farci de la tête. Et les soldats de fortune, une foule de gens effrayés, tremblant devant le service de sécurité. Nous avions cessé de nous respecter et de respecter les autres.

Mais surtout, nous n'étions qu'un outil pour différentes forces et intérêts sans égards pour nos vies. Hier, nous luttions contre l'EI, aujourd'hui contre l'opposition dans la Ghouta. Nous étions pris dans une guerre civile en Libye.

Notre sang coule, nous mourons, sommes mutilés, mais dans quel but ? Nous avons déjà compris que rien de bon n'en sortira. Et demain ? Est-ce que nous tournerons les armes contre notre propre peuple, si l'ordre nous est donné ?

Je ne voulais plus participer à cette aventure.

En signant l'accord de non-divulgation, j'ai été une fois de plus convaincu de la stupidité de mes collègues.

Il serait amusant que, de temps en temps, les responsables comprennent le sens de ce qu'ils disent et écrivent et en tiennent compte. Quelle est la valeur de ces promesses ? Devant quel tribunal me demanderont-ils d'en répondre ? C'est juste une formalité. Creuse. Si je ne respecte pas les termes de cet accord, serai-je accusé de trahison de mon pays, alors que ma fonction, mon existence même n'y ont jamais été officiellement reconnues ?

Deux avions attendaient à l'extrémité du tarmac. L'un d'eux était affrété pour le personnel militaire quittant la Syrie. Quant à l'autre ! En train d'être ravitaillé en carburant, j'ai aperçu, par la rampe ouverte, des caisses recouvertes de filets de camouflage alignées à même le sol. L'avion arrivait de Libye. Des mercenaires en revenaient dans des cercueils en zinc. Un autre lot de jeunes Russes morts pour un intérêt national douteux.

Post-scriptum

Trois années se sont écoulées. J'ai fini, non sans mal, par accepter d'avoir échoué à trouver ma place parmi les mercenaires. Surtout, je me suis rendu compte que le problème était plus profond, et à l'intérieur de moi. La Russie d'aujourd'hui ne pouvait pas me donner ce que je cherchais.

Aujourd'hui, Evgueni Prigojine assume ouvertement l'existence en Russie de sociétés militaires privées, et affirme haut et fort qu'il est le créateur et le propriétaire de Wagner. La glorification des mercenaires russes qui en résulte, sur fond de guerre en Ukraine, est inquiétante. À l'époque où ils se battaient contre l'EI en Syrie, il était totalement interdit d'en parler. Maintenant qu'ils sont essentiellement complices d'un crime à grande échelle contre l'Ukraine, ils sont vantés et admirés.

Avant le 24 février, j'étais convaincu que les autorités de mon pays n'oseraient pas entrer en guerre avec son voisin souverain. Mais la Russie a plongé une fois de plus dans l'isolement, en se confortant dans l'illusion de son intégrité et de sa supériorité, prétextant sa voie de développement particulière et d'autres absurdités, qui trouvent leur source dans des complexes et des ressentiments à l'égard de la communauté internationale et d'un Occident qu'elle ne veut voir que comme un ennemi.

Les mercenaires de la SMP Wagner, mes anciens collègues, ne pouvaient pas échapper à ce conflit armé. Premièrement, Prigojine veut mettre la main sur les mines et les usines du Donbass, qu'il compte exploiter après avoir obtenu des subsides d'État pour leur reconstruction. Deuxièmement, quoi qu'il eût voulu, il aurait été contraint à participer à cette guerre par la force même qui a engendré sa légion de mercenaires – l'État russe.

L'armée russe n'était pas préparée, et la mobilisation tardive, chaotique et mal pensée, ne contribue pas à l'efficacité des troupes au combat. La guerre en Ukraine, malgré les espoirs des dirigeants russes, s'est transformée en une violente confrontation entre deux systèmes politiques irréconciliables : démocratique en Ukraine et autoritaire en Russie. Les forces offensives ont subi des pertes qui empêchent l'armée russe d'avancer, de conquérir des territoires et de remporter une victoire militaire. Wagner, comme l'armée, est confronté à des pertes énormes. Prigojine utilise toutes les méthodes à sa disposition pour recruter de nouveaux combattants. Il reconstitue les rangs des escouades d'assaut massacrées et en crée de nouvelles, sacrifiant des vies humaines sous couvert d'intentions patriotiques.

Evgueni Prigojine et Dmitri Outkine ne veulent pas épuiser leur stock de vétérans expérimentés et aguerris, mais malgré les efforts de la propagande, le nombre de volontaires à rejoindre les rangs de la SMP ne cesse de chuter. D'où la brillante idée d'aller recruter dans les prisons du pays, au mépris de toutes les lois existantes, mais avec l'aval de l'État. Les prisonniers constituent un stock important de chair à canon, mais le ministère de la Défense ne peut pas se permettre de puiser officiellement dedans, en libérant des hommes condamnés par la justice, même si c'est pour les envoyer vers une mort certaine. Prigojine, lui, n'en est pas à une illégalité près. Prigojine s'était déjà assis sur le Code pénal en reconnaissant sa paternité de Wagner. En entrant dans les prisons, il est allé encore plus loin. Ne disposant pourtant d'aucune autorité officielle, mon ancien chef entre librement dans les établissements pénitentiaires, ouvrant la porte d'un coup de pied, et en fait sortir de dangereux criminels, en totale infraction à la loi de la Fédération de Russie, qui ne prévoit évidemment pas ce genre de procédés.

La justice russe reste, comme toujours, muette, aveugle et sourde. Complice impuissante de l'effondrement de l'ordre public.

La Russie prend rapidement des allures de Syrie, où le pouvoir ne tient que par la répression et où l'État de droit a disparu, supplanté par le droit individuel, les relations et le patronage. L'armée syrienne est faible, l'État compense par des milices privées.

On assiste à une évolution dangereuse : l'armée de mercenaires de Prigojine et la petite cohorte de ses alliés deviennent l'un des facteurs de déstabilisation les plus forts et une source potentielle de problèmes pouvant mener à des temps troubles, y compris, et surtout, à l'intérieur du pays. La SMP peut devenir la main armée d'une sorte d'*opritchnina*, le régime de terreur impitoyable d'Ivan le Terrible, au XVIe siècle. Prigojine s'est déjà hissé au-dessus de la loi en se déclarant l'égal de l'État. Les mercenaires reviendront de la guerre, amers et déçus, sans la victoire. Corrompus par le droit de tuer qui leur a été offert et un sentiment d'impunité, ils retourneront leurs compétences contre ceux qui, selon eux, sont restés à l'arrière et n'ont pas risqué leur peau pour la patrie, c'est-à-dire les civils ordinaires.

Aujourd'hui, une campagne de communication héroïsant le mercenaire impliqué dans l'agression contre l'Ukraine s'amplifie et se répand comme une épidémie en Russie. Se servant dans les caisses de l'État, Prigojine est en train de former dans l'esprit des Russes, et à leurs frais, une fausse idée de Wagner.

Le citoyen ordinaire ne sait pas ce qu'est exactement la SMP Wagner, quelles lois et règles régissent cette organisation, ce qui guide réellement Prigojine et son entourage. Wagner, qui a désormais pignon sur rue, reste une formation armée, interdite par la loi russe, qui pratique des méthodes médiévales de punition, de torture et de représailles, des exécutions extrajudiciaires. Ces unités, qui s'apparentent plus à une secte fondamentaliste qu'à une formation militaire de défense, devraient être durement sanctionnées, et la place la plus appropriée pour leurs dirigeants est sur le banc des accusés.

Ma dernière conversation avec Prigojine remonte à juin 2019. Après mon départ, il avait employé avec moi une de ses tactiques classiques : soumettre son vassal à la disgrâce et attendre que celui-ci, humilié et repentant, vienne mendier le pardon. Seul Wagner n'est pas passé par une telle procédure d'asservissement. Mais j'avais trompé ses attentes et fait transmettre, par Blondin, que je n'avais aucune intention de me rétracter et que je quittais définitivement la SMP. Pour clore notre échange d'amabilités, Prigojine m'a déclaré son ennemi personnel. Et pourquoi pas, après tout ? C'est presque un compliment, en tout cas pas un affront à ma dignité.

Table des matières

Composition
PRESS·PROD

Imprimé en France par
CPI Brodard & Taupin
en février 2023

Dépôt légal : février 2023
N° d'impression : 3051209
ISBN : 978-2-7499-5232-1
LAF : 3322